ESPAÑOL PARA EXTRANJEROS
Ejercicios de gramática española

Williams Jacob Ekou

ESPAÑOL PARA EXTRANJEROS:
Ejercicios de gramática española

Vision Libros

Español para extranjeros:
Ejercicios de gramática española

Calle San Benito 21 Local
Tel: 0034 91 3117696 url: www.visionlibros.com
Vision Libros es marca registrada de Vision Netware S.L.

ISBN: 978-84-9886-686-5
Depósito legal: SE-7048-2009

Diseño base cubierta: Marian González,
reflejandoelazul@visionnet.es

Distribuye y produce:
Distribuidora de publicaciones C/ Magnolias 35 Bis, Local
28029 Madrid.

Pedidos a pedidos@visionnet.es
www.distribuciondepublicaciones.com

A Ana y Julia…

PRIMERA PARTE

EJERCICIOS DE APLICACIÓN

UNIDAD 1
EL ARTÍCULO

1. Complete las siguientes frases con las formas del artículo determinado que correspondan:

1.- Tenía tanta sed que me hubiera bebido hasta..............sucia agua del lago.
2.- ....libros que me gustan son...........de misterio.
3.- Me lavo todas.......................noches antes de irme a la cama.
4.- Mi mujer me llama por teléfono todos los días a.....................ocho de la tarde.
5.- Me cortaré..........pelo cuando tenga tiempo.
6.- ¿Me pueden llevar.............maletas a casa, por favor?
7.- Te aconsejo que compres..............falda que te guste.
8.- Me dio.........................dinero cuando veníamos en ....autobús.
9.-...........................martes me voy de fiesta con mis amigos.
10.-..................señora Del Amo es de Villalón.

2. Complete las siguientes frases con las formas del artículo indeterminado que correspondan:

1.- Fui a.....................concierto de Rock con mis amigos de clase.
2.- Son.......................peregrinos que viajan por todo el mundo.
3.- Me he comprado.....................camisas en el mercadillo.
4.- Siento.....................molestias en el estómago.
5.- Me tomo.....................cuantos vasos de agua antes de irme a la cama.
6.- Me dijo que vio a............marroquíes en la frontera de Melilla.
7.- Sólo......................de vosotros subirá al tren.
8.- Me mandaron...........................mensajes con virus.
9.- Me abrió......................aula de los alumnos de quinto.
10.-Eto'o hizo...........................jugada magnífica de gol.

3. Complete las siguientes frases con artículos determinados cuando lo crea necesario:

1.- ¿Qué tal está.........Señor López?
2.- Al salir de.......clase los alumnos se dirigen a...........comedor.
3.- Gustavo es...............mayordomo del Rey.
4.- Gustavo es................mayordomo en.....................Zarzuela.
5.- ¿Cuánto................dinero debes a.........................banco?
6.- Voy a...................casa a coger................dinero.
7.- Voy a.....................misa cada domingo.
8.- Hoy es.................miércoles de cenizas.
9.- Soy...............dueño de este bar.
10.- Soy.....................dueño de mis actos.

4. Complete las siguientes frases con artículos indeterminados cuando lo crea necesario:

1.- ¡Qué buenos están! ¿Me puedes dejar..............pocos?
2.- Lo siento, no me queda ni.............euro.
3.- Necesito....................pantalones nuevos para la fiesta de esta noche.
4.- Pide...............a Juan. Seguro que te los presta.
5.- Mauricio gana.........ciento cincuenta mil pesetas al mes, aproximadamente.
6.- Mi facultad está a............siete kilómetros de mi casa.
7.- Invita a................muchas chicas para el baile.
8.- Dame.......................otro par de manzanas.
9.- ¿Tienes..................hora?
10.- Dame.......................minuto para arreglarme.

5. Complete las siguientes frases con el artículo determinado o indeterminado según corresponda:

1.- Llevo...................zapatos de mi hermano.
2.- Conozco a.................hijos de Rafa.
3.- He estado con...............................mayor.
4.- Le han entregado.....................premio que consiguió en Paris.
5.- Se compró.................abrigo de piel.
6.- Hoy me apetece ponerme......................vaqueros.
7.- Me quiero poner.....................vaqueros que me compré.
8.- Ha regalado................mechero a...................portero.
9.- Se han llevado....................cuadro de la colección Dalí.
10.- Tiene.....................suerte de tener..................madre como ésta.

6. Complete las siguientes frases con un artículo cuando lo crea necesario:

1.- ....importante no es subir sino mantenerse.
2.- No me importa....................guapos que son; son todos ....sinvergüenzas.
3.- Déjame........................cuantas monedas para ....autobús.
4.- Es de...................mejorcito que me ha pasado en....................vida.
5.- Me da.................otra bolsa para......................frutas.
6.- ....Serrano son...............familia muy unida.
7.- ....bueno, cuanto más corto, es dos veces mejor.
8.- ¿Qué nota tienes?, ¿................aprobado? — No, tengo ....mismo que tú.
9.- Eres.................peor chico que he conocido.
10.- Eres.....................peor que he conocido.

7. Complete las siguientes frases con lo de, lo que, lo mismo que, lo mismo de y lo cual según corresponda:

1.- Sé perfectamente..................estoy diciendo.
2.- Camarero, me sirve..........siempre.
3.- Te ha dado los buenos días,....................es buena señal.
4.- ¿Qué tal llevas...................ser la más guapa del mundo?
5.- Me conformaría con todo...........................me diera.
6.- Poco me importa................hagan los alumnos holgazanes.
7.- ....ir a la luna era una broma.
8.- No me han cobrado...............a ti.
9.- –Es.................siempre, intentan hacerse unos beneficios.
10.- ¿Cómo supiste..........................andan contando por allí?

8. Complete las siguientes frases con un artículo cuando sea necesario:

1.- ....político nunca dice.........mismas cosas.
2.- Tengo..................prima que vive en...........barrio de Paris.
3.- Se conformarán con................cuantos kilos de arroz.
4.- Es........hijo único; no tiene..........hermanos.
5.- Se ha comprado.........camisas en........rastro.
6.- Le encanta leer...........poemas.
7.- No quiero beber............cerveza esta mañana.
8.- ¿Me puedes conseguir........entrevista con tu jefe?
9.- Tengo.......pastillas que pueden calmar..........dolor de estómago.
10.- ....drogadicto nunca deja.................droga.

9. En los segmentos subrayados de las siguientes frases no aparece el artículo. Diga por qué:

1.- Tráeme azúcar para los pasteles.
2.- Estudian Letras en la Universidad Miguel Delibes.
3.- No tengo dinero para comprarme el vestido.
4.- Ponte chaqueta. Es una fiesta de clase.
5.- Mi marido es carnicero.
6.- La venta de maíz ha bajado este año.
7.- Hoy es martes trece.
8.- Mañana será lunes.
9.- Allí viene Doña Rogelio.
10.- No parece que estamos en invierno.

10. En los segmentos subrayados de las siguientes frases es necesaria la presencia del artículo. Diga por qué:

1.- Echa el agua al cubo.
2.- Mi hija se ha roto el brazo.
3.- Hoy tocan los cantos del loco.
4.- El marido de Pilar es el constructor del pueblo.
5.- Habla el inglés perfectamente.
6.- Un buen político presta atención a los votos del pueblo.
7.- Informa al señor Alonso de que su cheque está firmado.
8.- Tengo un hambre horrorosa.
9.- El Papa se dirige hacia el altar.
10.- Vivo en una casa de alquiler.

UNIDAD 2

EL SUSTANTIVO

1. Escriba el femenino de los siguientes nombres si cree que existe:

1.- Albañil
2.- Poeta
3.- Médico
4.- Conde
5.- Decano
6.- Mayordomo
7.- Diácono
8.- Distrito
9.- Barbero
10.- Bohemio

2. Ponga el artículo a las siguientes palabras:

1.- Mapa
2.- Ámbar
3.- Hacha
4.- Agua
5.- Alma
6.- Crisis
7.- Cazo
8.- Mampara
9.- Mañana
10.- Semanal

3. Ponga el género de las siguientes palabras:

1.- Misa
2.- Mesón
3.- Efigie
4.- Mármol
5.- Jabalí
6.- Asa
7.- Concejal
8.- Lápiz
9.- Matasuegra
10.- Artritis

4. Cambie el género de las palabras siguientes:

1.- Rey
2.- Poeta
3.- Cuñado
4.- Alcalde
5.- Dama
6.- Yegua
7.- Nuera
8.- Sacerdote
9.- Gato
10.- Vaca

5. Relacione cada palabra con su respectivo significado:

1.- El editorial
2.- La editorial
3.- El caza
4.- La caza
5.- El guardia
6.- La guardia
7.- El capital
8.- La capital
9.- El radio
10.- La radio

A.- Segmento rectilíneo comprendido entre el centro de un círculo o una esfera y cualquier punto de la circunferencia del círculo o de la superficie de la esfera.
B.- Potencia económica en dinero, crédito, etc.
C.- Artículo de periódico.
D.- Acción de cazar.
E.- Individuo de algún cuerpo de tropa.
F.- Empresa editorial.
G.- Población principal de un estado, provincia o distrito.
H.-Avión de caza.
I.- Cuerpo de tropa o conjunto de gente armada.
J.- Apócope de radiodifusión. Emisión radiotelefónica destinada al público

6. Clasifique las siguientes palabras según admitan sólo el número singular (S), sólo el plural (P), o los dos (SP):

1.- Modales (educación)
2.- Agujetas
3.- Sur
4.- Medias
5.- Alicates
6.- Gafas (anteojos)
7.- Tez
8.- Afueras (alrededores de una población)
9.- Gente
10.- Pariente

7. Clasifique cada palabra según sea de género masculino (M), femenino (F) o de los dos (MF):

1.- Pez
2.- Dote
3.- Tilde
4.- Hambre
5.- Mar
6.- Ala
7.- Astronauta
8.- Frente
9.- Tanda
10.- Testigo

8 Clasifique cada nombre según sea concreto (CON), abstracto (ABS), individual (IND) o colectivo (COL). No olvide que cada nombre puede ser dos o más cosas a la vez:

1.- Mente
2.- Vajilla
3.- Vaso
4.- Ganado
5.- Álamo
6.- Manzano
7.- Naranja
8.- Limpieza
9.- Campo
10.- Fiesta

9. Escriba junto a cada nombre individual el correspondiente colectivo:

1.- Olivo
2.- Perro
3.- Músico
4.- Barco
5.- Naranja
6.- Soldado
7.- Jugador
8.- Coche
9.- Maíz
10.- Arroz

10. Modismos: Complete las siguientes frases con palabras relacionadas con partes del cuerpo:
boca, dedos, pie, narices, manos, pies, ojito, uñas, cara, frente, ombligo.

1.- Ya no los aguanto más, estoy hasta las.............de los vecinos.
2.- Su padre le quería más que a ninguno, era su............derecho.
3.- No quiere verme ni llamarme, está de....................conmigo.
4.- Los presidiarios, en...................de guerra, secuestraron a dos funcionarios.
5.- Tiene mucha.............., nunca paga los cafés.
6.- Le gusta escandalizar y sacar los.......................del tiesto.
7.- Es tontísimo, no tiene ni dos.............de..................
8.- Le gusta ser el centro de la atención y sentirse el.............. del mundo.
9.- La solución está en tus.................., de tu decisión depende todo.
10.- No esperaba un regalo tan bonito y se quedó con la..............abierta.

UNIDAD 3

EL ADJETIVO

1. Complete las siguientes frases con la forma adecuada del adjetivo entre paréntesis:

1.- Trabajo en la (tercero).......... planta del (primero)............. edificio.
2.- Mi libro tiene (ciento)................. cincuenta páginas.
3.- Este año el (santo).............. padre visita mi pueblo.
4.- Maruja tiene un (malo).................... carácter.
5.- Me encantan los helados. Están muy (bueno)....................
6.- Ana es una (reciente)...................... casada.
7.- Es de (malo)................ educación tutear a gente mayor.
8.- ¡(Santo)............ cielo! Este señor tiene los pantalones rotos.
9.- No es (bueno)......................... tomar tanto el sol.
10.- Me gusta la ciudad de (Santo)................. Pedro.

2. Ponga los adjetivos subrayados en grado comparativo:

1.- El Madrid es un equipo muy <u>competitivo</u> aunque el Barça lo es más.
2.- Mi mujer es muy <u>alegre</u>, y yo también.
3.- El continente africano es muy <u>rico</u>; Europa lo es menos.
4.- El avión es un medio de transporte <u>seguro</u> pero es a la vez <u>peligroso</u>.
5.- La paella está muy <u>buena</u>; también lo está la lasaña.
6.- El país es muy <u>frío</u>, pero sus habitantes no lo son.
7.- Alfonso y Jerónimo son tímidos.
8.- Esta noticia me ha dejado <u>abatido</u>, y a mi madre también.
9.- Alba es una niña muy <u>inteligente</u>. Noelia no lo es tanto.
10.- El Presidente tiene mucho dinero, pero el pueblo, no.

3. Gentilicios: Complete las siguientes frases según el modelo:

EJ: Soy de Madrid; soy madrileña.

1.- Paz es de Galicia; Ella es ....
2.- Maria José es de Asturias; es ....
3.- Mario es de la mancha; es...
4.- Yo vivo en Marbella; soy ....
5.- Ella es de Aragón; ella es...
6.- Mi Universidad está en Valladolid; es ....
7.- Fernando Alonso es de Oviedo; es..................................
8.- Los peregrinos son de Ibiza; son....................................
9.- Julia es de Cantabria; es..
10.- El torero nació en Córdoba; es ....

4. Ponga los adjetivos subrayados en superlativo absoluto o relativo según crea conveniente:

1.- Era un señor <u>católico</u>..............Iba a misa todos los domingos.
2.- El restaurante el Sabio hace unos platos <u>buenos</u>...............
3.- Nuestra clase estaba llena de gente <u>habladora</u>.....................
4.- Su desparpajo me ha dejado <u>asombrado</u>................
5.- María estuvo <u>emocionada</u>.................. al ver a su hermano.
6.- Esta versión de la canción Mediterráneo es <u>anterior</u>.......... a la de Antonio Flores.
7.- Los perros mastines son <u>fieles</u>............. a sus amos.
8.- Mi abuela tiene una colección de muebles <u>antiguos</u>.............
9.- Los jardines de la Moncloa son <u>amplios</u>....................
10.- Su colegio está <u>próximo</u>................. a la salida del metro.

5. Sustituye las palabras subrayadas por adjetivos equivalentes:

1.- Un monumento de España.
2.- Un coche de deporte.
3.- Un día de lluvia.
4.- Una mujer de encanto.
5.- Un acto de humanidad
6.- Un profesor de Universidad.
7.- Un regalo del cielo.
8.- Una casa de reyes.
9.- Un viaje de fantasía.
10.- Un combate de muerte.

6. Complete las siguientes frases con los intensificadores poco, *tan, tanto, muy,* y *mucho* según crea conveniente:

1.- Está...................nervioso que no sé si podrá subirse al avión.
2.- Hay que tener...................cara para robar en una tienda.
3.- Le gusta.......................que los chicos la piropeen.
4.- No nos creemos que sea................cortés como dicen.
5.- Es................guapa que parece salida de un cuento de hadas.
6.- Me molesta..............el tener que levantarme pronto para ir al trabajo.
7.- Hay................gente en las tiendas que cualquiera diría que hoy es día mundial del reparto.
8.- Yo me conformo con................................
9.- Es................caballeroso no ceder su asiento a una dama en un autobús.
10.- Por..................que haga el correo electrónico siempre nos quedará la personalidad de una carta escrita a mano.

7. Indique si los adjetivos que aparecen subrayados están sustantivados:

1.- Le dieron el premio al mejor actor por su cara bonita.
2.- Es un señor muy amable.
3.- Los listos siempre consiguen lo que quieren.
4.- Nos tocó el gordo de la lotería el año pasado.
5.- Este chico es un enchufado del jefe.
6.- Mi querida madre tiene una delicada salud.
7.- Los jóvenes no tienen miedo a nada.
8.- La receta mediterránea está de moda.
9.- El español es la segunda lengua más importante del mundo.
10.- Entre mis hermanos, el mayor sobresale por lo culto que es.

8. Corrija en las siguientes frases el empleo de los grados de los adjetivos cuando lo crea conveniente:

1.- No había encontrado en mi vida alguien tan poco cortés como Mariano.
2.- ¿Quién pensaba que esta fiesta iba a estar tan animadísima?
3.- Este niño es muy más listo de lo que creía.
4.- Guillermo ha alcanzado el nivel más supremo de rebelión.
5.- Jorge es más peor estudiante que su sobrino.
6.- Es lo mejor que he podido encontrar en las bibliotecas.
7.- Miguel es tan sabio como agradecido.
8.- Sabe menos como su padre.
9.- Es más listo que el hambre.
10.- No recuerdo ningún día tan caluroso como éste.

9. Explique el significado de las siguientes expresiones:

1.- Escribir (muy) tirado.
2.- Haberla hecho buena.
3.- Matarlas callando.
4.- Entrar alguien dentro de sí, o en sí mismo.
5.- No tener con qué hacer cantar o rezar a un ciego.
6.- No ser alguien manco.
7.- Amigo de taza de vino o de pelillo.
8.- Santo de pajares.
9.- Echarle a algo mucho cuento.
10.- Caer gordo a alguien otra persona.

10. Relacione cada título con su tratamiento de cortesía correspondiente:

1.- Apellido
2.- Príncipe
3.- Cardenal
4.- Nombre
5.- Arzobispo
6.- Obispo
7.- Decano de Universidad
8.- Catedrático
9.- Profesor de Universidad
10.- Sacerdote

A.- Ilustrísimo señor, ilustrísima Reverendísima.
B.- Don.
C.- Padre.
D.- Usía y Señoría.
E.- Excelentísimo, Reverendísimo Señor, Excelencia Reverendísima.
F.- Eminencia Reverendísima, Eminencia Reverendísima.
G.- Señor Don.
H.-Muy ilustre Señor o ilustrísimo.
I.- Su Alteza Real.
J.- Señor.

UNIDAD 4

LOS PRONOMBRES PERSONALES

1. Complete las siguientes frases con el pronombre personal que convenga:

1.- Por la noche, hay que mirar delante de (él)................para no caerse.
2.- Ella está enfadada con (ella)..................misma.
3.- Juan no quiere hablar con (tú)............. Sabrás lo que le has hecho.
4.- Uno no puede hablar mal de (él).................
5.- Los europeos nunca llevan dinero con (ellos)......................
6.- Me conformo con que esté detrás de (yo).........................
7.- No consiento ni a (tú)............ni a nadie esas salidas de tono.
8.- Soy Guillermo, ¿alguien se acuerda de (yo)?
9.- De (tú)................nadie se acuerda.
10.- ¿Qué dirán de (nosotros).............cuando hayamos muerto?

2. Ponga el pronombre personal sujeto en las siguientes frases cuando lo crea necesario:

1.-Su novio Juan me ha regalado unos zapatos, pero...........no me ha regalado nada.
2.- .... no fue. ....estaba con nosotros todo el tiempo.
3.- ....compráis el regalo, y..........se lo damos.
4.- ¿........... de allí me quieren prestar atención, por favor?
5.- .... sólo no cojo este camino por la noche.
6.- Camarero, Mónica quiere un corto y ....un mosto.
7.- Si..........la quieres, llámala, pero ....no lo haré.
8.- ....que .... me pondría a estudiar para septiembre.
9.- ¿Cuándo............. piensas decirle que fuiste..........quien cogió el dinero?
10.- .... podéis comer, ...no tiene hambre.

3. Complete las siguientes frases con *lo, la, los, las* según crea conveniente:

1.- Esta tortilla es tuya, te....................comes hoy.
2.- La carta no es mía,..................ha escrito a su novia.
3.- ¿Has hecho tus ejercicios o..........has dejado por imposibles?
4.- ¡Cuántas deudas! ¿Cuándo..................piensas pagar?
5.- Aquí están los garbanzos, pero si no...... quieres, me .... dejas en la mesa.
6.- Cómprame una lechuga;....... recojo cuando vuelva del trabajo.
7.- No veo mis gafas. Estoy seguro de que............ tenía en mi maletín.
8.- No tengo porqué volver a estudiar este tema; me........sé todo.
9.- No me vuelvas a traer ese perro. Ya no...........aguanto.
10.- Mírame la nariz, creo que.................tengo rota.

4. Complete las siguientes frases con *lo, le, la, los, les, las* según crea conveniente:

1.- Tus niños ya están en casa. ....trajo el vecino.
2.- Juan ya no trabaja con nosotros. ....echó el responsable de informática.
3.- A Juan..............ha despedido por estar siempre conectado a Internet desde el trabajo.
4.- Mis sobrinas se van a África. ....lleva una agencia de viajes para niños.
5.- A Don Mariano no.........quiero ver ni en mis peores sueños.
6.- Allí viene Luisa con Pablo. Ella..............encontró en la tienda de juguetes.
7.- Don Juan, ¿quién.........acompañará en esta última conquista?
8.- Se ha separado de su mujer porque ella...........ha engañado con otro hombre.
9.- A su mujer..................conoció en un crucero por Venecia.
10.- Ella nunca...........quiso pero necesitaba casarse con alguien adinerado.

5. Corrija el empleo de los pronombres subrayados cuando lo crea conveniente:

1.- Lo tengo que entregar un regalo a mi suegro.
2.- ¿Has visto a mi padre? Lo necesito para las obras de casa.
3.- D. Jacinto, si tiene un momento, le quiero pedir un favor.
4.- Los dije a los alumnos que ya me iba de esta Universidad.
5.- Los sorprendí haciendo trampas en los exámenes.
6.- Me confesó el profesor que no los aguantaba más.
7.- A María, por lo que me ha hecho, me niego a estrecharla la mano.
8.- ¡No me lo puedo creer! ¡Azucena se ha sacado el carné de conducir!
9.- ¿Cómo puedes decirle a Elena que ha fallecido su madre?
10.- Tiene muchas cosas y se las pone todas.

6. Construya las siguientes frases sustituyendo las palabras subrayadas por pronombres personales correspondientes:

1.- Te cojo el coche para unos recados.
2.- ¿Me puedes recoger unas empanadas en la panadería?
3.- Julia se hizo un tatuaje en verano.
4.- ¿Cómo puedo agradecer a D. Emilio el favor que me ha hecho?
5.- Han retirado a Julián las acusaciones de estafa.
6.- Prometimos a nuestros padres unas vacaciones en el Caribe.
7.- Entregaremos estas llaves a los hijos del propietario.
8.- ¿Me puedes comprobar para mí las cuentas del ejercicio 2006?
9.- Este año daré a la asistencia mis mejores conferencias.
10.- Mis amigos han hecho esta tarta para ti.

7. Construya las siguientes frases uniendo los pronombres personales a los verbos (forma enclítica):

1.- Comunica a los profesores la llegada del Presidente.
2.- Vigila el trabajo de mis hijos.
3.- Nos siguen llamando.
4.- Sigue hablando a los empresarios de la riqueza de nuestro país.
5.- Busquen para los recién llegados las llaves de las habitaciones.
6.- Proporcionemos a los visitantes las comodidades que necesitan.
7.- Demos la alegría a la población marfileña que tanto ha sufrido.
8.- Digan la verdad al policía.
9.- Comprad para mí el número de la revista Empresario.
10.- Firma a los alumnos la autorización para irse de vacaciones.

8. Corrija las frases cuando lo crea necesario:

1.- A mí no me preocupa nada el que sea mejor estudiante que mí.
2.- Ahora todo depende de nuestro. Podemos hacer lo que queramos.
3.- Este señor no da más de sí. Lleva todo el día currando.
4.- ¿Según ti quién es el más guapo del mundo?
5.- Nosotros tampoco damos más de si.
6.- Tengo buenas noticias para tú y mí.
7.- Todos nosotros quieren ser famosos.
8.- Me voy de aquí porque yo y tú no cabemos en esta sala.
9.- Yo que ti me pondría ropa ligera. Hace mucho calor.
10.- Ustedes sois los invitados de la cadena SER.

9. Relacione cada expresión con su significado correspondiente:

1.- Beber fresco.
2.- Comerse unos a otros.
3.- Cantar.
4.- ¡Ni hablar!
5.- Estar a matar con alguien.
6.- Hacer alguien polvo.
7.- Casarse alguien con su parecer.
8.- Salir de abajo.
9.- Morir vestido.
10.- Merecer bien de alguien.

A.- Estar muy enemistado o irritado con él.
B.- Mejorar su situación económica.
C.- Estar sin cuidado ni sobresalto de lo que pueda suceder.
D.- Aniquilarle, vencerle en una contienda.
E.- Hacerlo violentamente.
F.- Estar de acuerdo con su opinión.
G.- Para rechazar o negar una propuesta.
H.- Oler mal.
I.- Ser acreedor a su gratitud; serle muy agradecido.
J.- Dicho de personas: Tener discordia entre sí.

10. Complete las frases con las siguientes expresiones: *arrimarse al parecer de alguien, ofrecerse, salir alguien pitando, no tener donde caerse muerto, no dejar vivir algo a alguien, contar con alguien, no casarse con nadie, Caerse o golpearse con cierta violencia sin daño o con daño leve, matarlas callando, hacer morder el polvo a alguien*:

1.- Es un mujeriego, pero es muy discreto;..............................
2.- ¡Qué fuerza tiene el condenado! Le.................................al mismísimo King Kong.
3.- Éste nunca dice nada, siempre..............................de su amigo.
4.- Su mujer es de las que......................... Tiene siempre algo que decir.
5.- Aquella noche Mario.................como si hubiera visto a un demonio.
6.- Nos arrepentimos mucho de lo que le hicimos a ese chico; y eso.............
7.- Venía cantando y sin darse cuenta......................la puerta.
8.- Este mes Miguel............... Tendrá que vivir en la calle y pedir alguna limosna.
9.- ¿Qué......................... al señor? Aquí tenemos de todo.
10.- ....vosotros para la fiesta. Avisadnos si cambiáis de idea.

UNIDAD 5

LOS DEMOSTRATIVOS

1. Complete las siguientes frases con el determinante demostrativo que corresponda:

1.- ....manzanas de ahí tienen buena pinta.
2.- ....misma noche nos vamos de vacaciones.
3.- ....misma noche vi a Juan coqueteando con Paula.
4.- ....verano parecía un horno viviente.
5.- ....que comentas de mi amigo no me gusta nada.
6.- ....coche de aquí pertenece al director de la escuela.
7.- ....carta me la mandó un amigo que tuve en Paris.
8.- Me acuerdo que..........día decía que no se sentía bien.
9.- Si te compro..............zapatos, me traes buenas notas a casa.
10.- Como sea..........chico como su padre, no habrá quién lo aguante.

2. Complete las siguientes frases con el pronombre demostrativo que corresponda:

1.- Ese tampoco me gusta. Prefiero............de allí.
2.- ....que va allí es mi hija; ¿me la puedes llamar, por favor?
3.- ¿Cuánto crees que..........va a durar sin que se den cuenta?
4.- Todo...........es demasiado para mí.
5.- ¿Cuál crees que elegirá de las tres? ¿...............de aquí o ....?
6.- —..........de ahí seguro que no; yo creo que será.............de allí.
7.- Mi madre me comentó.....................allí por los años 2000.
8.- ¿Quién podía imaginar que................era robado?
9.- ....que no venga al entrenamiento, no jugará el domingo.
10.- Me cogeré las vacaciones.........mismo mes de junio.

3. Complete las siguientes frases con un determinante o pronombre demostrativo que corresponda:

1.- ....cosas no se dicen a un amigo; mejor................que suenan bien.
2.- ¿Me prestas tu coche para.............noche?
3.- ....son mis apuntes; supongo que...........son los tuyos.
4.- Quiero frutas: un kilo de............., otro de.............y medio de ....
5.- Para llegar hasta............. planta de ahí necesitamos ....escalera de allí.
6.- ....fotos no son mías; las mías son............de ahí.
7.- Si me das................que tienes, te regalo................camisa.
8.- ....es mi tío, y.............de allí, mi tía.
9.- ¿Qué equipo crees que ganará...........liga tan igualada?
10.- ....pregunta me la hago sin tener una respuesta clara.

4. Señale en qué casos se hace un uso incorrecto del demostrativo y corríjalo:

1.- Aquella noche, oí que discutían.
2.- Aquello fue una vitoria de los grandes clubes.
3.- Este traje no me gusta; éso tampoco, aquel, quizás.
4.- Los responsables son esos niños de aquí.
5.- Los alumnos no caben en este aula, habrá que elegir esa otra.
6.- Se ha ido al médico aquella misma mañana.
7.- Con la esta otra se construye la casa.
8.- Este hambre acabará con los países pobres.
9.- Ésos caramelos están mejor que aquellos que nos comimos el otro día.
10.- Los de éste colegio se van de viaje esa misma tarde.

5. Complete las siguientes frases con las expresiones que vienen a continuación: *a eso de, ¿y eso?, en esto, esto es, eso es, ¿cómo va eso?, de eso nada, ¡qué vida ésta! un día de éstos, eso sí, eso sí que es.*

1.- .... — Bueno, más se perdió en Cuba.
2.- ¡Nunca ha ido a clase y ha sacado sobresaliente!...............ser un genio.
3.- ....justo lo que andamos buscando.
4.- Tú no te metas.............; me las arreglaré yo solito.
5.- Este año regalamos un abrigo a Pilar,.............tenemos que cotizar todos.
6.- .... Le nombran Ministro y se muere.
7.- Cómpramelo si lo ves, ...¡no te lo pongas antes!
8.- El jefe de la rebelión ahora es jefe de gobierno. —............... Se llama política, amigo.
9.- ¿Me invitas al cine? —................, ando muy justo de dinero.
10.- Estate atento porque............de las 3 de la tarde te llamará el Presidente.

6. Diga si los pronombres demostrativos neutros de las siguientes frases se refieren a un elemento mencionado (valor anafórico) o a un elemento posterior (valor catafórico):

1.- De repente, me suelta esto: “Tú come y calla”.
2.- Siempre te daré todo aquello que necesites.
3.- Me compraré todo eso cuando tenga suficiente dinero.
4.- Me muero por ver eso de mis propios ojos.
5.- No le digas eso, se puede ofender mucho.
6.- Se compró aquello en un mercadillo.
7.- Se llevó todo aquello que no le hacía falta.
8.- No sé nada más que eso.
9.- Acuérdate de esto: “ no volveré a hablarte en mi vida”
10.- Sentí aquello como una puñalada en mi pecho.

7. Convierta en pronombres estos demostrativos:

1.- Esta pluma fue la primera que me compré.
2.- Vi a aquella chica en su casa.
3.- Ese cuento no me gustó nada.
4.- Esa persona me ha recordado mis peores temores.
5.- Aquella tienda estaba en la Plaza Zorrilla.
6.- Compré esas camisas con mis ahorros.
7.- ¿Quién es ese chulo que va ahí?
8.- ¿Cómo conseguiste aquella casa?
9.- ¿Sabías que esos niños eran de tu pueblo?
10.- Disfruta de esas vacaciones de verano.

8. Ponga en plural los siguientes demostrativos:

1.- Esta pluma fue la primera que me compré.
2.- Vi a aquella chica en su casa.
3.- Ese cuento no me gustó nada.
4.- Esa persona me ha recordado mis peores temores.
5.- Aquella tienda estaba en la Plaza Zorrilla.
6.- Compré esa camisa con mis ahorros.
7.- ¿Quién es ese chulo que va ahí?
8.- ¿Cómo conseguiste aquella casa?
9.- ¿Sabías que ese niño era de tu pueblo?
10.- Disfruta de ese rato.

9. Completa las frases con los determinantes o los pronombres demostrativos adecuados siguiendo el ejemplo:

Ejemplo:

—Aquí hay una casa.
—¿Cuánto cuesta esta casa?
—¿Qué casa es?
—Ésta.

1.- Aquí están tus pantalones.
¿Dónde están............pantalones?
¿Qué pantalones son?
....

2.- Ahí van los vencedores.
¿Quiénes son.......vencedores?
¿Qué vencedores son?
....

3.- Allí hay un río.
¿Dónde está.............. río?
¿Qué río es?
....

4.- Aquí hay buenas ofertas.
¿Hasta cuándo están......ofertas?
¿Qué ofertas son?
....

5.- Allí hay una buena escuela.
¿Quién puede estudiar en..........escuela?
¿Qué escuela es?
....

6.- Ahí se venden coches.
¿Quién vende...............coches?
¿Qué coches son?
....

7.- Aquí celebran bodas.

¿Quién acude a...........bodas?
¿Qué bodas son?
....

8.- Allí hay una lavadora.
¿De qué marca es.........lavadora?
¿Qué lavadora es?
....

9.- Aquí hay un secador.
¿De quién es........secador?
¿Qué secador es?
....

10.- Ahí hay peras.
¿De qué tienda son.......peras?
¿Qué peras son?
....

10. Complete las frases con los determinantes demostrativos adecuados:

1.- (Aquellas, aquellos, esa)..................toallas son de seda.
2.- Cámbiame (esos, estos, éstos)..............de aquí por otros.
3.- Háblame de (aquello, aquel, aquéllo, esto)................que te contaron.
4.- Súbete a (este, esto, ese)...............coche de aquí.
5.- Tráeme (esos, estos, éstos)................libros.
6.- ¿Qué era (esto, este, eso)..............que me querías comentar?
7.- ¿Sabes lo que hizo (aquél, aquel, este, ese) ....Presidente?
8.- ¿Cómo se tomó (aquello, esto, aquel)....................?
9.- (Esta, aquel, ese)..................cazuela está sucia.
10.- ¡Llámame a cualquiera de (estos, ésos, aquéllos) ....que están ahí!

UNIDAD 6

LOS POSESIVOS

1. Complete las siguientes frases con el adjetivo posesivo que corresponda a la persona indicada entre paréntesis:

1. Paco es (yo)...........hermano menor.
2. Le llama (usted)............albañil.
3. Sé cuales son (usted).........problemas.
4. ¿Me dan (ellos)........nombre para que los apunte?
5. Ellos son (vosotros)................salvación.
6. Yo no me conformo con (Ana).............declaraciones.
7. Hemos comprado (Ana y Julia)............ropa.
8. Nadie sabe dónde guarda (yo)................reloj.
9. Quien haya visto a (ella)...........madre, sabe que es (Paula)..............hija.
10. Compra (tú)................cosas en las grandes almacenes.

2. Complete las siguientes frases con el pronombre posesivo que corresponda a la persona indicada entre paréntesis:

1. (Tú)..........es llegar siempre tarde a las citas más importantes.
2. ¿Cómo consigue que (ustedes)...............coman de todo?
3. Llevamos la comida de nuestra casa y comemos en (vosotros)...
4. Mi madre se ha recuperado del cansancio; ¿y (vosotras) ....?
5. No he traído mi pijama. Dormiré con uno de (tú).........
6. Acabad vuestros ejercicios y dejad (nosotros).......
7. ¿Quién dijo que (yo)............es de pacotilla?
8. Mis nietos van a la piscina. Supongo que (ellos)........también.
9. Ponte los pantalones que quieras. Yo me quedo con (papa)......
10. Tengo tus pendientes. Avísame cuando tengas (yo)........

3. Complete con el posesivo que corresponda a la persona indicada entre paréntesis:

1. Ayer estuvimos en (yo)........casa, así que hoy vamos a (tú)......
2. Todos dicen que la casa no es (ustedes).............
3. ....(Mario) madre se ha casado con (ella).........novio de siempre.
4. Déjame (tú)........zapatos,.............(yo) están rotos.
5. ¿Es (vosotros)................taller?
6. Sé que (ella)..........país es más bonito que (vosotros)........
7. ¿Dónde están (nosotros).........chaquetas?
8. ¿Quiénes son (usted)........padres,? ¿.........(yo) tíos de Valladolid?
9. Esos libros son (yo)......... Los cambio por (tú)........
10. Tengo (vosotras)........teléfono, os llamo cuando pueda.

4. Complete los vacíos del texto siguiente con los posesivos que considere apropiados:

El día de (1)...........cumpleaños, Julia invitó a todos (2)..........compañeros. (3)...........primo Christian dijo a (4).............padres:

— Una prima (5)..........me ha invitado a (6)..............casa. ¿Podríais llevarme con (7) .... coche?

—Por supuesto, hijo (8)........ — Le contestaron. — Pero luego que sean (9)...... padres quienes te traigan a casa, porque también (10)...........amigos nos han invitado y no podremos pasar a recogerte.

— (Gracias, padres (11).............!(12)........... corazón es muy grande.

— De nada hijo (13)..............., todo (14)...........es (15).............también.

5. Sustituya el empleo del posesivo por la locución correcta cuando lo crea necesario:

1.- Puedes sentarte al lado mío sin problema.
2.- Ayer me encontré con un amigo mío del colegio.
3.- ¿Hay enfrente tuyo una biblioteca?
4.- Hice este trabajo a mi pesar.
5.- Lo condené a pesar mío, sabiendo que no era culpable.
6.- Tened cuidado porque la policía anda detrás vuestro.
7.- Como se entere el jefe, el marrón será vuestro.
8.- Sé que ha vuelto con su antiguo novio.
9.- Cuando ves el barco cerca tuyo parece un edificio.
10.- ¿Sabes de dónde viene ese amigo suyo?

6. Escriba oraciones cambiando el posesivo apocopado por su forma plena y por el pronombre posesivo:
Ejemplo:
Esta es mi maleta — —Esta es la maleta mía — —Esta es la mía.

1.- La niña ha perdido tus llaves.
2.- El técnico ha arreglado su ordenador.
3.- El policía se ha llevado a nuestros padres.
4.- El profesor ha aplazado vuestro examen.
5.- La ONU ha sancionado a tu Presidente.
6.- Aquella fue nuestra salvación.
7.- No me gusta su comportamiento.
8.- ¡Mandadme su expediente!
9.- Creo en sus declaraciones.
10.- Piensa en sus padres.

7. Sustituya el posesivo por un artículo cuando lo crea necesario:

1.- ¿Has encontrado a tu media naranja en esta fiesta?
2.- He mandado una carta a mi tío de Compostela.
3.- Necesitas poner tus guantes para no pasar frío.
4.- Se compra sus calzoncillos en el mercadillo los domingos.
5.- Mañana se llevará tu moto al colegio.
6.- ¿Se habrá tomado su desayuno antes de ir al colegio?
7.- Ha ido a la peluquería a cortarse su pelo.
8.- Ya es hora de que me devuelva mi dinero que le presté.
9.- Me voy a casa con mis apuntes.
10.- Supongo que alguien tendrá que oír tu discurso.

8. Complete las siguientes frases con un posesivo o un artículo según convenga:

1.- No se corta ni...............pelo; hace todo lo que le dé................gana.
2.- Hoy me pongo.....................vaqueros nuevos.
3.- Se comprometió a traerme.............tarta de la panadería.
4.- Estaré en...................casa esta misma tarde.
5.- ¿Estás seguro de que cumplirá..................parte del trato?
6.- Me comprometo a devolverle...........coche en buen estado de funcionamiento.
7.- Lleva en..................cabeza un sombrero de paja.
8.- Señora, ¿cuál es.................nombre, por favor?
9.- ¿Alguien ha visto a...................hijo?
10.- Te compro..........coche si me lo pones a...........precio justo.

9. Señale los casos de uso incorrecto del posesivo y corríjalos:

1.- ¿Me puedes llevar a mi casa, por favor?
2.- Me voy a mi casa a descansar un poco.
3.- La fiesta se celebrará en su casa suya.
4.- Este trabajo no me gusta nada; lo hago a pesar de mí.
5.- A mi pesar de todo me subiré al avión.
6.- ¡Niño, Lávate tus manos antes de comer!
7.- Nunca me cuenta nada de su vida privada, es muy suyo.
8.- Averigua si hay clase en mi facultad y cuéntamelo sólo a mío.
9.- Hemos entrado después vuestro.
10.- ¿Quién sabe lo vuestros?

10. Diga lo que significa las expresiones siguientes:

1.- Los míos se han ido de vacaciones en el Caribe.
2.- Por mí, se pueden quedar todo el año.
3.- Julia sale siempre con una de las suyas.
4.- A José Luis le gusta llevar la suya adelante.
5.- Para mí, Maruja es una mala persona.
6.- Julia de mi vida, dame un beso.
7.- En mi vida he estado con esta chica.
8.- Hoy es licenciada por su linda cara.
9.- ¡Qué fea es Paula! su cara dcficnde su casa.
10.- Es muy cabezota. Que se lo coma con su pan.

UNIDAD 7

EL ADVERBIO

1. Relacione las palabras siguientes con sus contrarios de la columna de abajo:

1.- Arriba.
2.- Cerca.
3.- Aquí.
4.- Jamás.
5.- Temprano.
6.- nada.
7.- Bien.
8.- Despacio.
9.- Peor.
10.- Ciertamente.

A.- Tarde.
B.- Probablemente.
C.- Allí.
D.- Mejor.
E.- Todo.
F.- Abajo.
G.- Deprisa.
H.- Lejos.
I.- Siempre.
J.- Mal.

2. Indique qué clase de adverbio es:

1.- Delante
2.- Quizás
3.- Menos
4.- Nada
5.- Deprisa
6.- Tímidamente
7.- Tampoco
8.- Más
9.- Demasiado
10.- Mientras

3. Ponga la forma correcta del adverbio en las siguientes frases:

1.- No me importa (nadie, nada, de nada)................lo que haga con su vida.
2.- Tiene (muy, nunca, nada)...............poco de un hidalgo.
3.- No te preocupes, estarás (tardísimo, pronto)..........con tu familia.
4.- (Anoche, pronto, quizás)............. estaré con vosotros en la fiesta.
5.- Me siento (bueno, bien, buen)........después del tratamiento.
6.- Yo no voy al teatro y mi mujer (también, tampoco) ....
7.- Me gustan los langostinos, a ti (tampoco, también)..........., supongo.
8.- Estuvimos con los amigos (ayer, pronto, casi).............
9.- (Casi, poco, a poco)................nos muerde una pantera.
10.- Ella es (demasiada, demasiado, mucho)................. celosa.

4. Ponga AQUÍ, ALLÍ, o AHÍ en las siguientes frases según crea conveniente:

1.- ¿Me acercas ese libro de...................?
2.- Esto que está........................es un Goya.
3.- Desde......................donde estoy ahora, veo el mar.
4.-¿Sabes quién es ése de.......................? ¿y aquél de................? No los distingo bien.
5.- Me importa un bledo lo que haga................en su empresa, bastante tengo............con la mía.
6.- ¿Cuánto vale aquel libro de................? ¿y ése de................? ¿éste otro de..............?
7.- Buenos días, España desde.....................en Radio Macuto.
8.- Voy a la facultad y creo que comeré.....................
9.- Tráeme un detalle de..............donde estás.
10.- ¿Quién anda...................?

5. Ponga *muy, mucho, mucha, muchos, muchas,también, tampoco* **en las siguientes frases según crea conveniente:**

1.- Estamos todos..................cabreados con los políticos.
2.- Me juego..................de mis cosas que no puede perder este partido.
3.- ¿......................de ustedes se llaman Ana?
4.- No soy vidente, ni................menos.
5.- Puede ser un día..............importante para nuestro tenis.
6.- Me podéis pasar el balón, porque yo......................juego.
7.- No soy....................amigo de la morcilla.
8.- El coche me tiene que gustar muy................para decidirme a comprarlo.
9.- ....buenos días, señoras y señores, les habla el mensajero invisible.
10.- Pedir el IPC no es................pedir.

6. Rellene las siguientes frases con el adverbio adecuado: *casi, tampoco, muy, apenas, después, ya, nunca, también*.

1.- Mi hermano.........................estudia español.
2.- Nos vemos.....................; tengo que terminar un trabajo esta mañana.
3.- Tenía tanta prisa que..............se da con la puerta.
4.- Tenía tanta prisa que..................... vio la puerta.
5.- No entiendo..................... bien lo que me quieres contar.
6.- No ve.............. de buen ojo todo lo que se hace en África.
7.- Se va...................... de haber llevado el país a la ruina.
8.- No he hecho........................nada todo el día.
9.- Está tan cansado que......................puede ponerse de pie.
10.- ....uno puede estar orgulloso de todo lo que ocurre a su alrededor.

7. Forme adverbios partiendo de los siguientes adjetivos:

1.- Sagaz
2.- Vergonzoso
3.- Anterior
4.- Libre
5.- Dulce
6.- Falso
7.- Pobre
8.- Terrible
9.- Eficaz
10.- Rápido

8. Sustituya las palabras subrayadas por otra de modo a conservar el significado de la frase:

1.- ¡Quiero mi coche ya! (cerca, luego, ahora).
2.- ¿Es verdad lo que dices? (justo, cierto, concreto).
3.- Estoy totalmente de acuerdo contigo. (muy, más, seriamente).
4.- A lo mejor nos suben el sueldo. (mejor, quizás, seguro).
5.- Lo vi ayer por la noche. (madrugada, anochecer, anoche).
6.- Canta genial (ingeniosamente, mal, mejor, bien).
7.- No tengo ni un duro (duramente, poco, nunca, nada).
8.- Es como el mío (Cómodamente como, igual que, seguro que).
9.- No me gusta de esta forma (igual, así, bien).
10.- ¿Por qué lo haces tan rápidamente? (deprisa, despacio, regular).

9. Asocie cada expresión con su significado:

1.- Quizá y sin quizá.
2.- Don nadie.
3.- Como si nada.
4.- De nada.
5.- Deprisa y corriendo.
6.- Hacer menos a alguien.
7.- Tarde, mal y nunca.
8.- Si acaso.
9.- Ahora mismo.
10.- Para siempre.

A.- Para dar por seguro o por cierto algo.
B.- Despreciarlo, no darle importancia.
C.- Por todo tiempo o por tiempo indefinido.
D.- Hombre sin valía, poco conocido, de escaso poder e influencia.
E.- Con la mayor celeridad, atropelladamente, sin detención o pausa alguna.
F.- Para ponderar lo mal y fuera de tiempo que se hace lo que fuera casi mejor que no se ejecutara ya.
G.- De escaso valor, sin importancia.
H.- En este mismo instante.
I.- Sin dar la menor importancia.
J.- Para expresar la posibilidad o contingencia de lo manifestado por el verbo.

10. Sopa de letras. Busque en todas las direcciones trece adverbios de diferentes clases:

T	N	I	M	K	B	A	S	T	A	N	T	E	P	N	W	L	A	N	S
J	A	M	A	S	J	M	I	P	C	V	O	M	H	U	A	J	G	E	A
A	I	P	S	V	A	K	Q	F	G	S	H	B	U	N	I	T	U	C	N
D	H	C	U	E	H	V	P	A	E	B	I	L	E	C	Z	P	R	A	L
L	E	O	M	J	I	A	U	T	D	O	Q	A	N	A	D	E	H	S	B
U	N	H	R	E	L	C	N	P	L	I	K	I	F	V	C	O	D	I	Q
O	P	I	F	A	B	A	I	K	G	A	L	L	A	U	J	N	E	S	K

UNIDAD 8

LOS INTERROGATIVOS

1. Complete las siguientes frases con el interrogativo que corresponda:

1.- ¿......................está tu madre?
2.- ¿............hermanos tienes?
3.- ¿.............de ellos es el mayor?
4.- ¿................son esos que van por ahí?
5.- ¿..............vives ahora, en París?
6.- ¿................te vas a tu pueblo?
7.- ¿..............nota has sacado?
8.- ¿.............se hizo esa herida?
9.- ¿...............te casas, en verano?
10.- ¿.................comemos hoy? ¿en un Burger king?

2. Escriba una pregunta apropiada para cada una de las siguientes frases:

1.- Tengo cinco años.
2.- Lo quiero con nata y fresa.
3.- Mi madre se llama Paula.
4.- Vamos en tren.
5.- Son los (pantalones) de la izquierda.
6.- Son los hijos de Gonzalo.
7.- Me ha costa un euro.
8.- Me voy el día 10 de este mes.
9.- Nos ha llamado María.
10.- Ahora está con su madre en el colegio.

3. Corrija los interrogativos de las siguientes frases si lo crea necesario:

1.- ¿Cuántos me pueden costar?
2.- ¿Sabes qué vamos a comer hoy?
3.- ¿Quiénes es el mejor?
4.- ¿Como será esta chica de la que hablan maravillas?
5.- ¿Cuála es la niña de tus ojos?
6.- ¿Dónde puedo comprar un periódico?
7.- ¿Cuánta cuesta esta pera?
8.- ¿Quién son los que son de Salamanca?
9.- ¿Qué quieres?
10.- ¿Por qué no quieres venir conmigo?

4. Señale si las siguientes frases son correctas; si no es así corríjalas.

1.- ¿Para cuánto es la copa del Mundo de fútbol?
2.- ¿Quién supiste que no volvería a jugar con el Madrid?
3.- ¿Cuál te dijo que él no compraría la casa?
4.- ¿Con qué has quedado esta noche?
5.- ¿Cuánto crees que vendrán?
6.- ¿Cuántas piensas que vendrán a la fiesta?
7.- ¿Quién se comió mi tarta de queso?
8.- ¿A cuándo llegará el tren?
9.- ¿A dónde vienen estos marcianos?
10.- ¿Cómo quieres que te llamemos?

5. Complete las siguientes frases con los interrogativos *quién, quiénes, qué, cuál, cuáles* según crea conveniente:

1.- ¿................prefieres?
2.- ¿A...............prefieres?
3.- ¿..................de ellos prefieres?
4.- ¿..................es lo que quieres?
5.- ¿................es el que quieres?
6.- ¿Sabes...................canta hoy?
7.- ¿Sabes...................se canta hoy?
8.- ¿Sabes...................es la canción de hoy?
9.- ¿...............es son nombre?
10.- ¿...........es eso?

6. Ponga correctamente los interrogativos en las siguientes frases:

1.- ¿...............países te gustan y...............son sus respectivas capitales?
2.- ¿.............me podría ayudar a subir esta cuesta?
3.- ¿................son las obras de Cervantes y............has leído tú?
4.- ¿............estuvo en la gala Ebony?
5.- —Zidane ya no quiere jugar al fútbol. —...........
6.- ¿Con..........fuisteis a la montaje, una manta?
7.- ¿Con.........fuiste al cine, tu novia?
8.- ¿..............le quieres dar? ¿Cien euros? ¿...............? ¿mañana?
9.- ¿Sabes..........volverá de sus vacaciones?
10.- Dime.........te hizo esta salvajada. ¿un loco?

7. Complete las siguientes frases con un interrogativo, de modo que ninguno se repita con la misma preposición:

1.- ¿De...........viene con tanta suciedad?
2.- ¿De...........se queja?
3.- ¿De..........es el coche rojo?
4.- ¿De...........gente disponemos.
5.- ¿De...........de ellos sospecháis?
6.- ¿A.............entregaste el paquete?
7.- ¿A.............distancia está tu pueblo de la capital?
8.- ¿A.............metros está la cima del kilmanjaro?
9.- ¿A.............personas has salvado?
10.- ¿A.............de ellos debes dinero?

8. Complete las siguientes frases con un interrogativo, de modo que ninguno se repita con la misma preposición:

1.- ¿Con...........hablo?
2.- ¿Con...........dinero contamos?
3.- ¿Con...........contamos?
4.- ¿Con...........de ellos nos quedamos?
5.- ¿Con...........nos conformamos?
6.- ¿Hasta........puede llegar tu osadía?
7.- ¿Hasta........me podrías prestar?
8.- ¿Hasta........se quedan?
9.- ¿Hasta........punto estás dispuesto a arriesgar tu vida?
10.- ¿Hasta........alumnos acepta la universidad?

9. Complete las siguientes frases con el interrogativo que convenga:

1.- ¿A.................estamos hoy?
2.- ¿..................sería la mejor formación de todas para mí?
3.- ¿.................viviríamos si fuéramos a Madrid?
4.- ¿En...............ciudad está el museo del Prado?
5.- ¿Sabes...............gente vive en la miseria?
6.- Tú sabrás..............no quieres vivir con él.
7.- ¿Hasta........me seguirás odiando?
8.- ¿Para.............tiempo vas a Málaga?
9.- ¿Con............... cenaste ayer?
10.- ¿Desde............... comes caracol?

10. Haga la pregunta adecuada para obtener como respuesta lo que aparece subrayado:

1.- Voy en tren al trabajo cada mañana.
2.- Tengo 20 años.
3.- Me iré esta noche.
4.- Le perseguiré hasta donde me permita la ley.
5.- Por las mañanas escucho la radio.
6.- Tengo una niña.
7.- Soy estudiante de primer año de carrera.
8.- Me caso este mes.
9.- Prefiero la casa de la izquierda.
10.- Llora porque tiene hambre.

UNIDAD 9

LOS INDEFINIDOS

1. Complete las siguientes frases con los indefinidos *alguien, algo, algún, alguna, alguno, algunas, algunos:*

1.- ....ya regresan de vacaciones.
2.- Se ha enfadado. Quizá le haya molestado......... que haya dicho.
3.- Se ha enfadado. Quizá le haya molestado...........comentario que haya hecho.
4.- ...... se ha dejado la mochila en el comedor.
5.- Nosotros no tenemos interés..........en seguir conversando con usted.
6.- Si consigues.........entradas, por favor, avísame.
7.- Voy a tener que hacer..............truco para que me dejen pasar.
8.- ¿Me podría prestar.................de dinero, estoy tieso?
9.- .... día el pueblo echará de menos a nuestro Presidente.
10.- Tengo.......ahorrado para comprarme una casa.

2. Complete las siguientes frases con los indefinidos *ningún, ninguno, ninguna, nada, nadie:*

1.- Este señor vive solo; no tiene a.......... en la vida.
2.- Sus comentarios machistas no me hacen...........gracia.
3.- Yo no conozco a...........que no quiera ser millonario.
4.- No es............tontería el querer ser agente de futbolistas.
5.- Su hijo es muy vago. No ha aprobado............asignatura.
6.- Este mes mi jefe no ha pisado.........día en la oficina.
7.- —Será que no tenía.........que hacer allí.
8.- Eso de no tener...........vicio no me entra en la cabeza.
9.- Soy del Barça, no me pondré.........camiseta del Real Madrid.
10.- No es.........., sólo me he hecho un rasguño.

3. Responda negativamente a las siguientes preguntas usando algún indefinido:

1.- ¿Algún remordimiento? -..............
2.- ¿Algún deseo? -................deseo
3.- ¿Sabes algo de catalán? -No sé...................de catalán.
4.- ¿Quieres algo de esta tienda? -No quiero.........de esta tienda.
5.- ¿Ha entrado alguien? -No ha entrado............
6.- ¿Alguien te está esperando? -No me está esperando..........
7.- ¿Te esperas algo? -No me espero................
8.- ¿Tienes algo que decir? -No tengo..........que decir.
9.- ¿Supongo que tiene algún novio? - no,............
10.- ¿Has comido algo? -No he comido...........

4. Complete las siguientes frases con los indefinidos: *algo, alguien, nada, nadie, ningún, ninguno, ninguna, alguno, alguna, algunos, algunas.*

1.- Si tuviera..................poder haría desparecer todas las armas de guerra.
2.- En..............momento hemos tomado................decisión que vaya en contra del pueblo.
3.- No haré declaración...............sobre el tema del terrorismo.
4.- Me siento............... orgulloso de su actuación.
5.- No es...............conveniente hacer críticas en esos momentos de luto nacional.
6.- ¿Podrías hacer..................donación para los niños necesitados?
7.- Esta chica baila como........................
8.-No hay...............que hable como José Luis.
9.- No hay país.............que tenga todas sus necesidades cubiertas.
10.- Necesitamos...........que otro día más de vacaciones.

5. Complete las siguientes frases con los indefinidos *mucho, poco, varios, bastante, demasiado* **según crea conveniente:**

1.- Allí no entro, hay......................ratas.
2.- Ya nos queda...................tiempo para estar aquí.
3.- Estoy casado así que es..........probable que me convierta en cura.
4.-..................de mis alumnos vienen de la ciudad.
5.- Hay...........gente en este bar. Vamos a otro que tenga menos.
6.- ....veces he sentido tanto miedo.
7.- Estoy cansado. Tengo.............ganas de salir.
8.- Tengo............. alumnos para empezar la clase.
9.- ¡Llévate estos libros, tengo.............más!
10.- Hoy es el día de San Valentín, Hay...........gente comprando flores.

6. Complete las siguientes frases con los indefinidos *cada, uno, otro, cualquiera, alguno*:

1.- El entrenador deja su puesto con............que...........remordimiento.
2.- Para.................es una vergüenza, mientras que para..............es un acierto.
3.- No quiero este zapato, prefiero.......... ....
4.- Dime................cosa; sólo necesito oír tu voz.
5.- ¿Sabes................cuánto tiempo tengo que parar el coche?
6.- ....de vosotros se quedará sin paga este mes.
7.- El puede estar refiriéndose a................de nosotros.
8.- En una empresa privada...............no puede nunca hacer planes a largo plazo.
9.- ....toque de atención como éste y me largo de esta empresa.
10.- No importa, me conformaré con..............plaza en una empresa pública.

7. Concuerde el indefinido *cualquiera* según crea conveniente:

1.- Es un jugador............................
2.- Es una............................
3.- ....noche nos sorprende con una buena noticia.
4.- Son dos mujeres...........................
5.- No se conforma con.....................regalo.
6.- No se te permite salir de casa en.........................hora.
7.- ....hotel me conviene siempre cuando esté limpio.
8.- ....que sea tu decisión, consúltala con el jefe.
9.- ....chico que vea le parece guapo.
10.- No se trata de una decisión......................

8. Concuerde el indefinido *mucho* según crea conveniente:

1.- Los debates políticos son......................más radicales que hace años.
2.- La población rural vive.........................más años que la de la ciudad.
3.- Con la informática la gente manda......................menos cartas por correo normal.
4.- El juicio de mi amiga presentaba.......................más incoherencias.
5.- Si tuviera...............más vacaciones, leería ....más.
6.- Se sienten.................menos seguros desde lo del 11 de septiembre del 2001.
7.- El equipo ha fichado a...............más jugadores buenos de cara a las competiciones.
8.- Cada uno quiere tener................menos compromisos para tener ....más días libres.
9.- Para estar uno en buena forma, necesita dormir....................más horas.
10.- Se aconseja comer...........más verduras y........menos grasa.

9. Explique el significado de las siguientes expresiones subrayadas:

1.- Lo que dice nos da lo mismo.
2.- Zapatero se ha apuntado un tanto.
3.- Su marido sale y vuelve a casa a las tantas.
4.- Es el todo de la empresa.
5.- Su belleza no es comparable ni con mucho a la de su madre.
6.- Son tal para cual.
7.- Mi abuela está sana como una manzana.
8.- Ahora él busca su media naranja por Internet.
9.- Mi compañero se anda a la flor del berro.
10.- Para gobernar con cierta tranquilidad los Jefes de Estado africanos se arriman al sol que más caliente.

10. Relacione cada expresión del primer grupo con una explicación del segundo grupo:

1.- Estar en lo mismo.
2.- Ni tanto ni tan poco.
3.- Jugar el todo por el todo.
4.- Ni mucho menos.
5.- Por mucho que.
6.- Lo uno por lo otro.
7.- Con tal de.
8.- Aguas mayores.
9.- Aguas menores.
10.- Campear de sol a sombra.

A.- Trabajar en el campo desde la mañana hasta la noche.
B.- Encontrarse en la misma situación que antes.
C.- orina humana.
D.- excremento humano.
E.- Para indicar que se establece la compensación de una cosa por otra.
F.- Para censurar la exageración por exceso o por defecto.
G.- Para negar algo rotundamente.
H.- Aventurarlo todo, o arrostrar gran riesgo para alcanzar algún fin.
I.- Con la condición de.
J.- Por más que.

UNIDAD 10

LOS NUMERALES

1. Ponga en letra los numerales cardinales que aparecen en las siguientes frases:

1.- Mi abuela tiene 98 años.
2.- Abidjan tiene una población de unos 4 millones de habitantes.
3.- 1 de cada 5 niños que nacen en el mundo es chino.
4.- En el 2001 hubo un golpe de estado en Costa de Marfil.
5.- Más de 1.000.000 de niños mueren de hambre cada año.
6.- Hay más de 450.000.000 de hablantes de la lengua española.
7.- Los Estados Unidos invierten más de 3.000.000.000.000 de dólares en las guerras.
8.- El 40 por 100 de la población es analfabeta.
9.- El 31 de julio es el cumpleaños de mi mujer.
10.- Ahora somos unas 6.000.000.000 de personas.

2. Ponga en cifra los siguientes numerales:

1.- Seiscientos mil uno.
2.- Diez.
3.- Noventa.
4.- Cuatro billones novecientos cincuenta y ocho mil millones trescientos sesenta y dos mil doscientos setenta y cinco.
5.- Cinco mil treinta.
6.- Dos mil catorce.
7.- Ochocientos ochenta y ocho mil millones ochocientos ochenta y ocho mil ochocientos ochenta y ocho.
8.- Trece.
9.- Veintisiete.
10.- Nueve.

3. Ponga en letra los números ordinales siguientes que aparecen entre paréntesis:

1.- El Real Madrid gana su (30º)................ título de liga.
2.- Te lo recuerdo por la (15º)....................... vez.
3.- Mi madre celebrará su (59º)................... cumpleaños.
4.- Estamos en el (4º) año........................ de guerra civil.
5.- Llévale el (12º)......................... ramo de rosas.
6.- Mi amigo vive en la (10º)................planta de la Torre María.
7.- Carreras es el (3º)....................... mejor Tenor del mundo.
8.- Mi partido acaba de ganar su (500º)...................escaño.
9.- Este jugador recibe su (82º)............................ trofeo.
10.- Soy el (1000º)......................... profesor de la zona.

4. Ponga en letra los partitivos que aparecen entre paréntesis:

1.- Se cayó después de recorrer el (5/6)............de la distancia.
2.- Ella no aprobó ni la (7/12).........partes de las asignaturas.
3.- (2/3)...........de la población africana vive con menos de 1 dólar al día.
4.- La pobreza desaparecería con el (7/100).............. de la economía de los países ricos.
5.- La guerra se lleva el (10/100)............. de la economía mundial.
6.- Cómprame (1/12)................... de rosas para mi mujer.
7.- (2/1000)....................de la población mundial vive en China.
8.- Se gasta el (100/100)....................... del sueldo.
9.- Este mes nos dieron (3/10)..............partes del presupuesto.
10.- La población española se juega la (1/1000)..........parte de su sueldo en las apuestas.

5. Ponga *cien* o *ciento* según convenga:

1.- Ella cobra (1100)..............euros al mes.
2.- Juan cobraba unas (200.000)........pesetas, que son unos (1200).......euros.
3.- Mi abuelo tenía unos 102................ años cuando se murió.
4.- Nuestra ciudad tiene (200)...........estatuas.
5.- El cine Paris tiene (500)..........asientos.
6.- Han regalado (700)............localidades para el partido de baloncesto.
7.- El ayuntamiento tiene instaladas (300.001) banderas en la ciudad.
8.- (1350).........personas han estado en las fallas.
9.- Hemos encargado (3100)..........cajas de cerveza para nuestra fiesta.
10.- En el año (2150), la informática habrá evolucionado más.

6. Escriba en letra los numerales ordinales que aparecen entre paréntesis:

1.- Nuestro deseo es que el siglo (XXI)............. sea el siglo de la introspección.
2.- Alfonso (X)............... fue rey desde 1252 hasta 1284.
3.- Isabel (II).................. fue reina de España.
4.- Enrique (II)............. reinó de 1369 a 1379.
5.- Luis (XI)................. fue rey de Francia.
6.- La Edad Media es el tiempo transcurrido desde el siglo (V)........... hasta finales del siglo................. (XV)
7.- Fernando (III)...................... fue rey entre 1230 y 1252.
8.- El Papa Pablo (VI)........................ era italiano.
9.- Benedicto (XVI)..................... es el actual Papa.
10.- Alfonso (XI)................................ fue rey de 1312 a 1350.

7. Explique el significado de las siguientes expresiones:

1.- Tomar algo a dos manos.
2.- Estar sin cinco.
3.- Como que dos y dos son cuatro hoy voy a casa de mis suegros.
4.- Boca de verdades, cien enemistades.
5.- Ser más de cuatro.
6.- Hacer algo de miles amores.
7.- Ni a la de tres.
8.- Estar a dos velas.
9.- El chico sigue en sus trece.
10.- Caer a alguien la cuatro fría.

8. Reemplace los segmentos subrayados por expresiones equivalentes.

1.- Lleva 50% de su vida en la cárcel.
2.- ¿Me pone 250grs de carne, por favor?
3.- Los africanos son mejores en las carreras de 1000m.
4.- A las 20h15 empieza el verano.
5.- Hemos apostado el 100% de nuestro sueldo.
6.- 2/3 de los recursos naturales del mundo están en el continente africano.
7.- Los trabajos de investigación se suelen entregar en dos copias.
8.- El que participe en una huelga cobrará ½ de su paga.
9.- Mi casa está a 500m de mi trabajo.
10.- Son las 24 horas del día 23 de junio.

9. Complete correctamente las siguientes frases con ***ambos, ambas, sendos, sendas*****:**

1.- Los policías cogieron.....................porras y empezaron a porrear a los alumnos.
2.- ¿Con cuál te quedas? ....me gustan.
3.- Cogieron.....................toallas y se fueron al lago.
4.- ¿Me podrían ayudar llevando......................bultos?
5.- ....alumnos se fueron a clase con ....libros.
6.- ....actuaciones gustaron al público que las correspondió con.............regalos.
7.- ¡Anda ayudadme, coged...................maletas!
8.- La afición cree que.......................decisiones son erróneas.
9.- Cogieron.................micrófonos y anunciaron la destitución del entrenador.
10.- ....fiestas se celebran en enero.

10. Relacione cada expresión de arriba con una explicación de abajo:

1.- Estar al pie de algo.
2.- Hacer algo a pie firme.
3.- Hacer algo a pie llano.
4.- Asentar alguien el pie.
5.- Caer de pie(s) alguien.
6.- Cojear alguien del mismo pie que otra persona.
7.- Hacer algo con los pies.
8.- Con mal pie.
9.- Ir con pies de plomo.
10.- Estar alguien a los pies de los caballos.

1.- Hacer algo con constancia, firmeza, seguridad.
2.- Hacer algo con facilidad, sin impedimento.
3.- Tener el mismo vicio o defecto que ella.
4.- Proceder con tiento y madurez en sus operaciones.
5.- Tener suerte.
6.- Estar junto a algo.
7.- Con mala suerte.
8.- Estar muy abatido, despreciado.
9.- Despacio, con cautela y prudencia.
10.- Hacerlo Mal, desacertadamente.

UNIDAD 11

LAS PREPOSICIONES

1. Complete las siguientes frases con la preposición adecuada:

1.- Morirse.................ganas.
2.- Estar...................visita.
3.- Cantar.....................un coro.
4.- Ir...................pobre.
5.- Hablar................ troche y moche.
6.- Escribir....................alguien.
7.- No dar...................basto.
8.- Estar.................uñas con alguien.
9.- Escribir......................un sobre.
10.- Saber.............alguien.

2. Complete las siguientes frases con la preposición adecuada:

1.- Hacer algo..............balde.
2.- Hacer algo..................vano.
3.- Venir................. vez..........cuando.
4.- Irse..............paseo.
5.- No ser...................... Piedra.
6.- Disolver...............agua.
7.- Ampliar el cupo...................100 personas.
8.- Ser................Madrid.
9.- Venir................Valladolid.
10.- Pasar...................Segovia.

3. Complete las siguientes frases con la preposición adecuada:

1.- Estamos.............. la era................ la telecomunicación.
2.- ¿................. dónde eres tu?
3.- Ya estamos..............otoño.
4.- ¿Quién tiene mi camisa.............. algodón?
5.- El profesor.............. español es............ Soria.
6.- Hoy día 1.............. octubre Julia está............ la guardería.
7.- Mi padre está.................. mal humor.
8.- Mi gustan las películas...........risa.
9.- Trabajo junto............ la estación................. trenes Atocha.
10.- Me voy.............. vacaciones junto................ mis amigos.

4. Las preposiciones o locuciones prepositivas que aparecen en las siguientes frases pueden ser erróneas. Corríjalas si lo cree conveniente:

1.- Estuvimos hablando durante.................el amanecer.
2.- Su empresa está junto con.................... la mezquita.
3.- El salvador vino en................pie.
4.- Todos dudaba de....................... él.
5.- El buen político es el que dice las verdades en.........medias.
6.- Insiste a.............invitarme.
7.- Siempre se sube en..............avión llorando.
8.- Buscaba a María y dio contra.......ella en el cine.
9.- Quiso obligarle a.............. comer el puré.
10.- No me quedaré cruzado con...........brazos.

5. Complete las siguientes frases con las locuciones prepositivas que vienen a continuación: *en medio de, junto a, junto con, en contra de,en lugar de, delante de, bajo, debajo de, tras, en vez de:*

1.- .... esta coyuntura vendrán tiempos mejores.
2.- Se construyó este monopolio....................... la dictadura.
3.- Le condenaron.......................Mateo, el verdadero culpable.
4.- Los jóvenes africanos suelen inclinarse.................los mayores en señal de obediencia.
5.- El desaparecido estaba.................... los escombros.
6.- Prefiero estudiar...........estar en los bares.
7.- Le nombró ministro................. su voluntad.
8.- Después de una borrachera durmió............la puerta del metro.
9.- Le vieron.................... una chica muy elegante.
10.- Se cayó...................... la plaza un día de fiesta.

6. Complete las siguientes frases con las preposiciones que vienen a continuación: *por, en, de:*

1.- Destituir...................un empleo.
2.- Poner..........................evidencia.
3.- Sentirse humillado...................el amor propio.
4.- Creerse...............su gran amigo.
5.- Ensuciarse..................excremento.
6.- Estar..........................calma.
7.- Incurrir....................infidelidad conyugal.
8.- Hacerse digno................castigo.
9.- Bordar....................la ropa sus iniciales.
10.- Herir..................corte.

7. Complete las siguientes frases con las preposiciones que vienen a continuación: *a, de, por, en:*

1.- Ser.........................mala calidad.
2.- Estar lleno.........................gracia.
3.- Renunciar.......................la soberanía.
4.- Cesar.........................su curso.
5.- Morirse.........................el cuadro.
6.- Esta ropa canta..................vieja
7.- Deberse......................la patria.
8.- Estar.................3 de octubre.
9.- Almorzar................las cinco.
10.- Ponerse................acuerdo.

8. Relacione cada expresión con su correspondiente significado:

1.- Salir fuera de tino.
2.- Ponerse de acuerdo.
3.- Pillar de camino.
4.- Estar a trasmano.
5.- Mudarse de ropa.
6.- Echar de sí la baba.
7.- Saltar de alegría.
8.- Desnudarse de algo.
9.- Correr de la cuenta de alguien.
10.- Faltar a lo prometido.

A.- Mostrar ostensiblemente el contento.
B.- Mentir.
C.- Babear.
D.- Acordarse.
E.- Cambiarse.
F.- Desprenderse.
G.- Perder el uso de algo.
H.- Encontrarse en determinada situación.
I.- Estar a cargo de alguien.
J.- Fuera del alcance.

9. Ponga una preposición en las siguientes frases cuando lo crea necesario:

1.- Dictar.................................... un decreto.
2.- Ofender................................. el olfato.
3.- Engañar.................................... la carne.
4.- Acortar....................................... distancia.
5.- Decidir.. una cuestión
6.- Llevar..efecto una resolución.
7.- Decidirse......................................hacer algo.
8.- Encomendar.............................. algo.
9.- Pensar.......................................alguien.
10.- Tirar.. el blanco.

10. Sustituya o ponga una preposición cuando lo crea necesario:

1.- Desear......................alguien.
2.- Temer de.........................algo.
3.- Insistir sobre............... algo.
4.- Estar harto.................. Que.
5.- Estar convencido............ Que.
6.- A pesar.............. que.
7.- Tomar determinación a............. algo.
8.- Pensar de..................... algo.
9.- Echarse a.............correr.
10.- Hacerse con.............. un buen botín.

UNIDAD 12

LA CONJUNCION

1. Conjunciones comparativas. Ponga el rasgo de comparación que falta en las siguientes frases:

1.- Es................inteligente como yo.
2.- Canta...............un ruiseñor.
3.- Tiene................cara que desvergüenza.
4.- Sube...............que cualquiera de nosotros.
5.- Se encuentra......................de lo que todos creen.
6.- Come...........como un elefante.
7.- Dijo tanto..................pudo para evitar la cárcel.
8.- Duerme.................que su hermana.
9.- Es peor...........su padre.
10.- Somos.........buenos jugadores como los que llegan de fuera.

2. conjunciones temporales. Ponga el verbo entre paréntesis en la forma que convenga (infinitivo, indicativo o subjuntivo):

1.- Antes de que (irse, ella)........., le dijo lo que sentía por ella.
2.- Mientras (probarse, tú)......... la ropa, salgo a comprar comida.
3.- Después de (vivir).............. tanto tiempo en un lugar, uno se hace amigo hasta de sus enemigos.
4.- Nada más (cobrar)......... mi primer sueldo, hice un regalo a mis padres.
5.- No me iré de aquí hasta que no (pedir, tú, a mí).......... perdón por lo que has dicho.
6.- Ahora que (ser, nosotros).............. amigos, nos podemos llamar todos los días.
7.- Antes de (salir).................de España, visita sus museos.
8.- Al (llegar)................. a Valencia, pidió comer una paella.
9.- Cuando (poder, tú)................, nos tomamos un café.
10.- Limpiaban todo antes de que (llegar)............. sus padres a casa.

3. Conjunciones concesivas. Ponga el verbo entre paréntesis en la forma que convenga (indicativo o subjuntivo):

1.- Bien que (tener, nosotros).........dinero, no iríamos por nada del mundo a un concierto.
2.- Aunque (estar).................los profesores, seguiremos nuestra fiesta.
3.- Por mucho que (decir, ellos)................., este gobierno trabaja mejor.
4.- Bien que (ir, a mí)................bien, no me compro un coche de cinco mil euros.
5.- Aunque (comer, nosotros)...................verdura nos hacemos de vez en cuando carne.
6.- Por más tonto que (parecer)............., sabe por lo menos lo que hace en este curso.
7.- Aunque (pedirlo, ellos, a mí)..........................., no viviría con él de ninguna manera.
8.- Por poco que (llorar, ella)................, consigue que le hagan caso.
9.- A pesar de que (ser, nosotros)............... gemelos, llevamos años sin vernos.
10.- Pese a que (ser, él)..........................el máximo goleador de la liga, no lo llevan a la selección.

4. Conjunciones concesivas. Ponga el verbo entre paréntesis en la forma que convenga (infinitivo, participio, indicativo o subjuntivo):

1.- Bien que no (ser, él).................. el favorito, saldrá ganando como siempre.
2.- Pese a que (ser, él).............. extranjero, habla muy bien el español.
3.- Por más dinero que (tener)............... uno, no puede comprar la salud.
4.- Por poco que (decir, tú)..................., te vas a la cárcel.

5.- No me subo a un barco, así (dar, ellos, a mí)............. un premio Nobel.
6.- Con (estar).................... sin comer no conseguirás nada.
7.- No me subo a un coche de un borracho aun cuando (estar, yo)............. mismo borracho.
8.- Por más fuerte que (ser, tú)..........., no puedes parar un disparo.
9.- Te vas a la cama (placer, a ti)...............o no.
10.- A pesar de que (jugar, él)............ con nosotros, nunca come con nosotros.

5. Conjunciones causales. Ponga el verbo entre paréntesis en la forma que convenga (infinitivo, indicativo o subjuntivo):

1.- No me empujes, que (caerse, yo)..............................
2.- Comoquiera que (ser, él).......................... ministro, no pudo presentarse a las elecciones.
3.- Como (ser, tú)........................ de mi pueblo no te cobro la entrada a mi fiesta.
4.- No sale con él, pues lo (notar, tú)....................
5.- No voy no porque (temer, yo, a ti)................., simplemente no quiero peleas.
6.- Puesto que (insistir, tú)................... en lo que afirmas, llamaré a mi amigo.
7.- Como (hacer, tú).................... tus deberes te regalo este bolso.
8.- Ya que no (participar, él)...................... a las reuniones lo consideramos como fuera del club.
9.- Comoquiera que no (hacer, vosotros)................... nada hoy, no os pago.
10.- Me voy a la cama porque no (encontrarse, yo)............ bien.

6. Conjunciones consecutivas. Ponga el verbo entre paréntesis en la forma que convenga (infinitivo, indicativo o subjuntivo):

1.- No hay plato que (gustar, a mí)........ tanto como la paella.
2.- Se cayó de tal forma que (romperse, él)................ la cadera.
3.- No es tan fácil que uno (decir)................todo lo que sabe.
4.- Es tan ingenua como para (creer)..........en los cuentos de hada.
5.- Ya no voy con vosotros, así que podéis (devolver, a mí) .... el dinero.
6.-Es tan orgulloso que no hay quien (llevar, a él)............ la contraria.
7.- El senegalés era tan alto que (llamar).............. mucho la atención.
8.- Habla tanto que nadie lo (tomar)................ en serio.
9.- No eres bienvenido en mi casa de modo que no (volver) ....
10.- Está cansado, por consiguiente (deber, él)................. irse a la cama.

7. Conjunciones de modo. Ponga el verbo entre paréntesis en la forma que convenga (indicativo o subjuntivo):

1.- Hazlo como (querer)....................., pero hazlo.
2.- Llámame como mejor (convenir, a ti)..........................
3.- Podéis situaros como más (gustar, a vosotros)................ .
4.- Ella canta como (sentir)........................
5.- Es como (comer, él)................
6.- Este coche va como si (tener)..................... tres motores.
7.- Se quedó quieto como si (buscar)............ una respuesta a lo que le había pasado.
8.- Se viste como más (gustar, a él)......................
9.- El invitado hacía como si no (querer)............... comer.
10.- Ha pasado la entrevista como (poder)...............

8. Conjunciones de lugar. Ponga el verbo entre paréntesis en la forma que convenga (infinitivo, indicativo o subjuntivo):

1.- El piloto no sabe por donde (pasar).............. para alcanzar la meta.
2.- Acaba de llegar y de momento no tiene donde (dejar) .... la maleta.
3.- Le sacaron de casa por la noche y no sabía hacia dónde (llevar, ellos, a él)..............
4.- Esta es la ciudad en donde (nacer).............García Márquez.
5.- Preguntaba desde dónde (poder, él)........... sacar las fotos.
6.- Se fue a la selva en donde (quedarse, él).........para siempre.
7.- Voy a donde (poder)................ encontrar algún trabajo.
8.- No sabía por donde (coger)................ todo lo que le venía encima.
9.- Donde no (haber)...................... harina, todo es mohína.
10.- Estaré donde (poder)................... tener mejor vida.

9. Conjunciones finales. Ponga el verbo entre paréntesis en la forma que convenga (infinitivo o subjuntivo):

1.- Iremos a (decir, a él).......... que no estamos de acuerdo con las nuevas decisiones.
2.- Se compone mucho para que (decir, ellos).................. que es la más guapa.
3.- Va a (comunicar, a él).................. que ya no puede más.
4.- Vive sólo para (comer)............................más.
5.- Te habló así para que (darse, tú)................ cuenta de lo que hiciste.
6.- Me llamó para que (ver, yo)................. a su nuevo novio.
7.- No lo hago para no (molestar)................. a los demás.
8.- Ahora hago deporte para (mantener, a mí)............... en forma.
9.- Ella come menos para no (engordar)......................
10.- Vienen a Europa con el objeto de (hacerse)................. una situación mejor.

10. Conjunciones condicionales. Ponga el verbo entre paréntesis en la forma que convenga (indicativo o subjuntivo):

1.- Cuando (tener, yo)................ una niña cuidaré muy bien de ella.
2.- Se lo comentaría si (ser)................. necesario.
3.- Como (enterarse, yo)........... de que has hablado de mí, no volveré a dirigirte la palabra.
4.- No será el nuevo presidente, a menos que (proponer, él) .... un buen programa de gobierno.
5.- Con que (decir, tú)................ tu apellido, sabrá que eres mi hermano.
6.- Mientras no (hablar, tú)......................, no te equivocarás.
7.- Hoy comemos cocido salvo que (querer, tú)............. proponer otro menú.
8.- Se queda en casa salvo si (portarse, él)........................ bien.
9.- Te pagaré el colegio siempre y cuando (traer, tú, a mí) .... buenos resultados.
10.- Iremos juntos al cine, a condición de que (pagar, tú) .... tu entrada.

UNIDAD 13

PRESENTE DE INDICATIVO

1. Ponga en presente de indicativo los verbos entre paréntesis:

1.- Los niños no (abrir).................. la puerta a un desconocido.
2.- El actual Presidente (vivir)...................... en su propia casa.
3.- Esta chica de la playa (besar)................. como en las películas.
4.- Yo no (beber)................. cuando tengo que conducir.
5.- La casa de mi madre (comunicar)................... con la mía.
6.- El periodista (escribir)..................... sus columnas a última hora del día.
7.- Los buenos padres (leer)........................ cuentos a sus hijos.
8.- El prisionero no (comer)............ Será porque no tiene hambre.
9.- Todo el mundo es lo que (comer)..................
10.- Mi profesor (hablar)............... muchos idiomas.

2. Ponga en presente de indicativo los verbos entre paréntesis:

1.- (Perder)................ siempre el autobús cuando tiene prisa.
2.- Yo (soler).......... comerme algo ligero cuando tengo que conducir.
3.- Ella (confesar)...........ser una admiradora de Julio Iglesias.
4.- (Confesar) que me he dopado para ganar el campeonato.
5.- No me (merecer)......... el título de campeón.
6.- El continente (contar)...... con nosotros para el nuevo desafío tecnológico.
7.- El técnico (comprobar).................... el estado del ascensor.
8.- Tus argumentos no me (convencer).
9.- Hoy Rafa (dormir)........en casa de un amigo.
10.- Me (esperar)......... una buena por lo que hice ayer.

3. Ponga en presente de indicativo los verbos entre paréntesis:

1.- Los niños (a mí, olerse)...............a algo podrido.
2.- (A él, olerse).......... el aliento al fontanero.
3.- (A nosotros, molestarse)....... los ruidos de los vecinos.
4.- (A mí, complacerse).............. sus visitas nocturnas.
5.- Este aire fresco (a mí, sentarse)................ muy bien.
6.- (A nosotros, solerse)............. visitar los amigos de Burgos.
7.- A todos (nosotros, gustarse).................. lo bueno.
8.- A los que (ellos, gustarse)........... las cosas malas tendrán sus razones.
9.- (Yo, esperarse)........... unas vacaciones de mucha emoción
10.- (Hacer)........... falta muchos más méritos para ser profesor de Universidad.

4. Ponga en presente de indicativo los verbos entre paréntesis:

1.- (Yo, tener).........................cita con el dentista el día 5 de septiembre.
2.- Ya no (yo, caber)..........en mis pantalones.
3.- (Yo, conocer).........al recién llegado a la ciudad.
4.- No (yo, pensar).............volver a meterme en política.
5.- (Yo, Comprobar).........los escritos de mis alumnos.
6.- (Yo, traducir)........las historias de mi pueblo para conservarlas.
7.- (Yo, obedecer).........en todo lo que ordenan para evitar castigos.
8.- El perro miedoso (huir)...........de las personas.
9.- (Yo, compadecer)..........a los que tienen que comprarse una casa.
10.- Siempre (yo, cocer)...........el pescado antes de comerlo.

5. Complete las siguientes oraciones con el verbo que aparece entre paréntesis en presente de indicativo:

1.- (A él, dolerse)..............mucho tener que pagar la multa de tráfico.
2.- (A ella, temblarse)...........las manos del miedo que tiene al examen de química.
3.- Esta tarde (yo, ofrecer).........una conferencia sobre la inmigración.
4.- Sus datos (concordar).......con los del terrorista escapado.
5.- El Presidente (consolar).........a las víctimas del terrorismo.
6.- Mi niña no (dormirse)........sin su mascota favorita.
7.- (Él, mentir)............si dice no conocer a la chica de la mochila.
8.- (Ella, negar)................ser la novia del peluquero.
9.- La vidente (a nosotros, contarse)...........mentiras para hacerse dinero.
10.- (Yo, merecerse)................un mes de vacaciones después de tanto trabajo.

6. Complete las siguientes oraciones con el verbo que aparece entre paréntesis en presente de indicativo:

1.- (Contarse)..........que el nuevo año nos traerá suerte a todos.
2.- Pedro (decir)..............ser el hijo de Julio.
3.- En el restaurante de la plaza (servir)...........gambas al ajillo.
4.- La desaparición de la niña inglesa (nosotros, conmover) a todos.
5.- Las bolsas europeas (tender).............a bajar en navidad.
6.- Aquí (yo, traer)..............el periódico del día.
7.- (Yo, venir)................de comprarme una casa cerca de un gran instituto.
8.- Mi madre (defenderse).............bien en francés.
9.- Este año (yo, contraer)..........matrimonio con mi novia.
10.- El gazpacho (servirse).............frío.

7. Complete las siguientes oraciones con el verbo que aparece entre paréntesis en presente de indicativo:

1.- (Yo, carecer).........de información sobre el estado de salud del Papa.
2.- (Yo, obtener)......subvención del Estado por mis actividades.
3.- (Yo, satisfacerse)............con muy poco.
4.- (Yo, contenerse)............muchas veces para no decir algunas verdades.
5.- El gobierno no (permitir)...............la exportación de animales vivos.
6.- Con la edad que tengo, ya no (yo, crecer)................
7.- Dicen que (yo, parecerse)................mucho a mi madre.
8.- (Yo, adquirir)................la nacionalidad por vivir más de diez años en el país.
9.- (Yo, maldecir)................al que me robó el coche.
10.- (Él, morirse)........... por conocer a su cantante favorito.

8. Complete las siguientes frases con los verbos que se dan a continuación en presente de indicativo: *medir, sustituir, moverse, enviar, encontrarse, estar, ser, conducir, actuar, invertir*:

1.- Hoy (Actuar).........Sabinas en la Plaza Mayor de Valladolid.
2.- Mi cuñado (invertir).....todos sus ahorros en bolsa.
3.- Los agricultores africanos ya no (enviar)......a sus hijos a Europa para estudiar.
4.- Sara (encontrarse).....indispuesta por lo que comió ayer.
5.- Será muy alta. Tiene un año y ya (medir)......75cm.
6.- El alemán Bern Schuster (sustituir)......al italiano Fabio Capello en el Real Madrid de esta temporada.
7.- A Rosana sólo (moverse)....... el dinero.
8.- Yo ya (conducir)......un Volvo.
9.- (Él, estar)..............enfadado con su mujer Dios sabe porqué.
10.- (Yo, ser)..........consciente de todo el trabajo que me espera después del año sabático.

9. Sustituya el verbo *hacer* por otro adecuado al significado de las siguientes frases de modo que no se repita ninguno:

1.-Se hacen dinero vendiendo chatarras.
2.- En la película el jorobado hace el rey.
3.- El chico hace que estudia cuando ve a su profesor.
4.- Cree que hace bien al no decir nada de lo que sabe.
5.- Lo que dices no le hace nada.
6.- Por lo que hace al viaje, me encargo yo.
7.- En algunos albergues, la silla hace de cama.
8.- El vino se hace vinagre.
9.- Hazte de un lado para dejar pasar a la gente.
10.- Después de tantos intentos ahora se hace con el coche.

10. Complete las siguientes frases con palabras relacionadas con partes del cuerpo: *pie, bigotes, mano, estómago, narices, oreja, mano, dedo, ojo, boca*:

1.- Hoy tengo un día malísimo, parece que me he levantado con el............izquierdo.
2.- El asado estaba de......................, tienes que darme la receta.
3.- Es muy diplomático, tiene mucha...................izquierda.
4.- Hay que tener.....................para ver esas imágenes comiendo.
5.- El sofá es comodísimo, pero les ha costado un.....................de la cara.
6.- No quiero ir a trabajar el sábado, pero tendré que hacerlo por.......................
7.- Era facilísimo, el examen nos salió a pedir de.................
8.- Me quiso robar, pero yo ya tenía la mosca detrás de la..........................
9.- Es posible que el profesor abra la...........con los exámenes, porque se jubila este año.
10 Al hablar de corrupción el periodista puso el......................en la llaga.

UNIDAD 14

INDICATIVO: LOS TIEMPOS DEL PASADO

1. Sustituya el infinitivo entre paréntesis por una forma del pretérito indefinido de indicativo:

1.- (Ellos, marcar).......el gol de la victoria en el último minuto del partido.
2.- No te arrepientes de nada porque (tú, vivir).........como (tú, querer)......
3.- (Yo, amar)........toda mi vida a una mujer a la que nunca (yo, llegar)......a conocer.
4.- (Vosotros, sacar)........vuestras pistolas y sin medir palabras con nadie (disparar)..........contra todo lo que se movía.
5.- (Nosotros, charlar)........un buen rato con el médico.
6.- (Yo, sospechar)...........que algo no iba bien y no (yo, subir) .... al avión.
7.- (Él, cantar)......a su ventana pero ella nunca lo (saber).........
8.- (Tú, cargar)...........las pilas con el cargador defectuoso.
9.- El tren (tardar)............media hora más en llegar a la estación.
10.- Yo (sacar).........un sobresaliente en el examen de traducción.

2. Sustituya el infinitivo entre paréntesis por una forma del pretérito indefinido de indicativo:

1.- (Él, construir).........la mezquita más grande del mundo siendo él mismo católico.
2.- (Vosotros, pedir)..........a Dios un día más de vida para ver lo que era esta Europa.
3.- (Ella, crecer)..........en la pobreza sin saber que su padre era el más rico del mundo.
4.- (Ella, conocer).........a su marido después de la boda.
5.- El perro (morder)...........al niño cuando jugaba en el parque.
6.- (Ellos, mentir)........para conseguir visados de refugiados.

7.- (Yo, oír)........un grito tremendo y luego, un silencio.
8.- (Ellos, decir)......... que era el sustituto del profesor de fonética.
9.- (Nosotros, entender)...........que ya no se podía hacer nada por él.
10.- (Yo, leer)........el Quijote con suma atención.

3. Sustituya el infinitivo entre paréntesis por una forma del pretérito perfecto de indicativo:

1.- Este año (ella, comprometerse)..............a comer menos bollerías.
2.- Esta mañana (él, irse)................sin despedirse. ¡Qué poco romántico es!
3.- Él me (pedir)...........matrimonio dos veces. Pero hay algo en él que no me acaba de gustar.
4.- Esta tarde (nosotros, visitar)..........al nuevo Alcalde del pueblo.
5.- Mi suegra (coserse)................un traje para la boda de su hija.
6.- Este mediodía (informar, ellos a él)..............de que la empresa ya no cuenta con él.
7.- Este verano el Rey (romperse)...........la rodilla en una estación de esquí.
8.- Nos (sobrar)................un mes para beneficiarnos de los 2500€
9.- Este mes (cobrar, ellos a mí)........... dos veces la factura de la luz.
10.- (Saberse).............esta mañana que el nuevo Presidente es hijo de un inmigrante.

4. Sustituya el infinitivo entre paréntesis por una forma del pretérito perfecto de indicativo:

1.- Hace poco (decir, a mí, ellos)..............que la fiesta de fin de curso no tendrá lugar.
2.- (Enfadarse, él).......mucho porque (enterarse, él).....de que no formará parte del equipo.
3.- (Comprometerse, ellos)................a dar el 0,7% de su P.I.B a los países pobres.
4.- Este mes (pagar, a mí, ellos)................un dinero extra por los turnos de noche.
5.- Nunca (oír, a él, yo)............cantar.
6.- Sigue mirando la pantalla. Todavía no (enterarse, él).......de que (perder, él).....el avión.
7.- Ya (hacer, yo)...............las maletas. Nos podemos ir.
8.- (Faltarse, a mí).................dos puntos para aprobar el examen.
9.- (Decidir, ella)...............que se quedaba con nosotros.
10.- Con esas declaraciones (querer, ellos).........manchar la buena imagen del país.

5. Sustituya el infinitivo entre paréntesis por una forma del pretérito imperfecto de indicativo:

1.- En aquel momento, (vivir, nosotros)......cerca de la embajada española.
2.- Durante la dictadura, cada empresario (tener).......que pagar una cuota a la junta militar.
3.- Cuando (ser, yo).........niño, mi madre (decir, a mí) .... que estudiara mucho. Ahora me doy cuenta de que (tener, ella) ....razón.
4.- Mi entrenador (decir)..............que la mejor defensa (ser) ....un buen ataque.
5.- Antes, mi ilusión (ser).....ser abogado.
6.- Cuando Romario (jugar).....en el Barcelona, (residir, él) .... en un hotel.

7.- (Venir, yo).....a pedirte un poco de sal. No (saber, yo) .... que se me había acabado.
8.- (Querer, yo)................pedirte que te quedaras con mis hijos. Es que (gustar, a mí)..................ir al cine esta tarde.
9.- ¿Qué (querer, usted).........? — un kilo de manzanas.
10.- ¿Te acuerdas de la chica de la playa? ¿cómo (llamarse, ella).....?

6. Sustituya el infinitivo entre paréntesis por la forma adecuada del pretérito indefinido o pluscuamperfecto de indicativo:

1.- Todavía no (ella, peinarse)...........cuando (llegar)..........el coche.
2.- Ellos (afirmar).............que todavía no (tú, pagar)............tu parte.
3.- (Yo, redactar)................todo lo que (yo, ver)........desde mi ventana.
4.- En las primeras horas nosotros (decir)...........que (ser) ....los otros.
5.- (Yo, pensar)...........que (tú, venir)..........para quedarte.
6.- (Ellos, creer).............que (tú, marcharse).........para siempre.
7.- (Yo, darse) cuenta..............que algo (desaparecer)..........de la sala.
8.- Ya (ellos, decir a mí)...........que no (tú, estar)..........en la obra.
9.- Ellos (comentar, a mí)...........que usted todavía no (firmar) ....el pacto.
10.- Pero los demás (decir).........que (ser)...........los de siempre.

7. Sustituya el infinitivo entre paréntesis por la forma adecuada de los tiempos del pasado de indicativo:

1.- En aquel momento (comprender, yo)..........que (jugarse, nosotros) .... mucho.
2.- Ellos (entender) ....que (haber)............... que hacer algo lo más rápidamente posible.
3.- Pero los demás (decir)..........que (haber)................ que esperar órdenes de los superiores.
4.- (Esperar, nosotros).............. y nada (cambiar)................
5.- Siempre (decir, a mí, él)..........que (él, tener)..........un coche; pero resulta que se lo (prestar)....................... un amigo suyo.
6.- (Enfadarse, ella)...........cada vez que (mencionar, nosotros) ....el nombre del chico.
7.- (Irse, yo)...............de casa porque no lo (aguantar)...........
8.- No (pensar, yo)...............verte aquí. (decir, a mí) ....tu madre que (tú, irse)........................a París.
9.- Esta mañana (dimitir)..............el Ministro de comercio, porque no (él, querer)......................aceptar un soborno.
10.- (Prometer, a mí, yo)....................que no volvería a comer morcilla.

8. Sustituya el verbo entre paréntesis por la forma adecuada del pretérito perfecto o pretérito imperfecto de indicativo:

1.- ¿Quién no (conocer).............a Paco? Aquel chico bajito que (insultar)......................a todos en el barrio.
2.- (Ser).................un chico encantador. Pero ahora (irse, él) ....con otra.
3.- ¿Quién (ser).............el tonto que (comerse) ....mi plato?
4.- Mónica (dejar)................a su marido porque no (aguantar) .... sus borracheras.

5.- Todos (saber)................que este incendio (ser) ....provocado.
6.- Este medio día (comunicarse)............la lista de los seleccionados para el desfile.
7.- Parece que (ingresar).............a su padre. No (yo, saber) ....que (sufrir, él).............. de algo.
8.- Hace poco que (enterarse, yo).................... y enseguida (hablar, yo)...................con ella.
9.- No (pensar, nosotros).........decírselo, pero (darse, ella)..........cuenta.
10.- Según radio macuto la Isabel (casarse)...........con su Julián.

9. Sustituya el verbo entre paréntesis por la forma adecuada del pretérito indefinido o pretérito perfecto de indicativo:

1.- Esta mañana (comprarse, yo)............un coche nuevo.
2.- Esta vez no (querer, yo).............decir nada por si meto la pata.
3.- ¡Otra vez (irse).............la luz! Aquí no hay quien estudie.
4.- Nunca (conocer, yo).............a un cura tan entregado a su trabajo.
5.- El año pasado (estar, ellos)..............veraneando juntos por las Bahamas.
6.- El día que te (ver).................(creer, yo).........que me desmayaba.
7.- Cuando se (saber).............lo suyo con la becaria, lo (echar, ellos)..........del negocio.
8.- Hace años (venir).............a visitarnos el Papa Juan Pablo II.
9.-Hoy se (decidir)...............por unanimidad no escribir mentiras en los periódicos.
10.- Los peregrinos (regresar)...................a las tres de la madrugada.

10. Sustituya el verbo entre paréntesis por la forma adecuada (pretérito indefinido o pretérito imperfecto de indicativo:

En 1990 mi madre (acabar)..........de casarse con un multimillonario escocés. (llamarse).....Earl y (ser)..........Presidente de una empresa de construcción. Al principio todo (ir).......bien. (nosotros, formar).........una familia. (nosotros, salir)..........todos de viaje. (nosotros, visitar)..........los grandes museos de Europa. (él y yo, ser)........amigos y (hacerse)........confidencias. Hasta que en verano del mismo año (llegar).........su hija de los EE.UU. Merkel (llamarse)........... (ella, ser)................la típica hija de papá que no (saber)........ni freír un huevo. No (hacer).....nada en casa pero siempre (encontrar).....algo de que quejarse. Un día, estando yo en el baño la (yo, oír)........hablando con su padre. (ella, acusar)........a mi madre y a mí de querer a su padre por su dinero. (yo, sentir)..........tanto dolor que (yo, ir).......a contarlo todo a mi madre. (ella, quedarse)........como una estatua sin saber qué decir. Un rato después, juntas, (decidir).........hablar con los dos. Aquello no (ser)..........del gusto de Merkel que enseguida (entrar).........en su habitación y (salir).............. con su maleta. (ella, plantarse)...........delante de su padre y le (decir).........que si no (separarse)......de mi madre, ella (irse).......para siempre. Earl que (saber).........lo caprichosa que (ser)......su hija, la (coger)........y la (llevar)........a su cuarto. Mi madre y yo (hacer).......lo mismo: (entrar).......en la habitación de mi madre esperando alguna decisión dcl padre de familia. Al rato, Earl (venir).......y nos (decir).........que (ir).....a hacer lo que le (pedir).......su hija. Mi madre le (decir)........que lo (entender).........y que (ella, esperar)...............los papeles del divorcio para firmarlos. (nosotras, salir)........de la casa y (nosotros irse)................. a un hotel. Así (ser).............. cómo (terminarse).............la historia de mi madre con el escocés.

UNIDAD 15

INDICATIVO: LOS TIEMPOS DEL FUTURO

1. Sustituya el infinitivo entre paréntesis por una forma del futuro simple de indicativo:

1.- Como Marcelino no me pague lo que me debe, (yo, tener a ti) ....como responsable.
2.- (Tener, tú).........que hacer muchos esfuerzos para aprobar el examen.
3.- Antes de subir al coche, (comprobar, vosotros)............los frenos.
4.- No (consentir, nosotros)............que alguien se meta con los inmigrantes.
5.- ¿Me pongo el traje de ayer? -(ver, tú).....................
6.- (Demandar, yo, a ti)..............si no me dan este puesto.
7.- (Tenerse, nosotros)................que quitar la ropa si queremos que nos den un masaje.
8.- Ahora mismo (conformarse, yo)...............con poder subir las escaleras.
9.- Si Eugenia no vuelve, (tener, tú)......que abonar lo que se ha llevado.
10.- Allí viene mi madre, seguro que (pedir, ella, a mí)........que me vaya con ella a casa.

2. Sustituya el infinitivo entre paréntesis por una forma del futuro perfecto de indicativo:

1.- Hay muchos policías por las calles. Probablemente (enterarse, ellos).........de algo.
2.- ¡Vaya! allí viene Alejandra. ¿Quién (decir, a ella).......que estamos aquí?
3.- Ya (darse cuenta, tú)...................de que ahora somos más en la familia.

4.- (Pasar, yo)...........por aquí miles de veces pero me sigue sin sonar esta pancarta.
5.- Otra vez habéis suspendido el examen. ¿Qué (hacer, vosotros).......mal esta vez?
6.- ¿(Oír, tú)...............hablar de un tal Juan? Pues es mi padre.
7.- ¿(aconsejar, ellos, a ti)........que no hablaras conmigo, verdad?
8.- (Repetirse, yo)...............muchas veces su nombre, pero siempre se me olvida.
9.- (Darse, ellos)..............cuenta de que nos hemos llevado el cuadro de la pared.
10.- Jerónimo está hecho un basilisco; (pasarse, él)............manolo con sus bromas.

3. Sustituya el infinitivo entre paréntesis por una forma del futuro simple o perfecto de indicativo:

1.- ¿Supongo que para la navidad (vosotros, acabar) ....el trabajo?
2.- Si todo sigue igual, (poder, vosotros).........empezar la travesía.
3.- Ya no viene a clase. (acabar, él)...........la carrera.
4.- Pablo ya no nos habla. (hacer, nosotros, a él)........algo que no le haya gustado.
5.- (Irse, yo)............tranquilamente a casa si no quiere que entrene con el equipo.
6.- El año que viene a esta fecha (irse, yo).........a Costa de Marfil.
7.- Me temo que la noticia que (dar, ellos)..........del chico no será alentadora.
8.- Ya es nuestro jefe. (inventarse, él)..........cosas para conseguir este puesto.
9.- Cuando lo vea (decir, yo a él).................todo lo que pienso.
10.- Cuando sepa la fecha de mi viaje (avisar, yo, a vosotros) ....

4. Sustituya el infinitivo entre paréntesis por una forma del condicional simple:

1.- Si no fuera por ti, no (abrir, yo, a él)............ la puerta a este sin vergüenza.
2.- Con éste (alcanzar, nosotros)........... los 40 muertos en accidente este fin de semana.
3.- Con un bebé en casa (buscarse, yo).......... un trabajo donde sea.
4.- Con este calor (tomarse, yo).......... una bebida bien fresca.
5.- Contigo (irse, yo).............a cualquier sitio.
6.- Yo que tú no (decir, yo)..................nada de eso a mi marido.
7.- (Caber)................preguntarle al Presidente si sabe algo del misionero español.
8.- Unos euros (solucionarse, a mí).........el problema.
9.- (Querer, yo)...........una habitación doble para esta noche.
10.- ¿(Poder, ustedes).............prestarme un poco de atención?

5. Sustituya el infinitivo entre paréntesis por una forma del condicional compuesto:

1.- Se ha acabado la liga. (forrarse, nosotros).............con las apuestas.
2.- (Gustar, a mí)...........asistir a una conferencia de Antonio Quilis.
3.- Ya se ha ido. (gustar, a mí)...............devolverle lo que me hizo la otra vez.
4.- Ser actor (generar, a mí).........mucha fama y mucho dinero.
5.- (Gustar, a mí).............poder acompañar a mi hija al colegio.
6.- Con este buen tiempo (encantar, a él).............ir a la playa con sus amigos.
7.- Contra el Santander (apostar, yo)...........por la victoria del Barcelona.

8.- Mis amigos no me han visto, sino su visita (suponer, a mí).....gastos en bebida.
9.- Confieso que (gustar, a mí)................. ser cura.
10.- ¿Dónde (gustar, a ti)...........celebrar tus diez años de boda?

6. Sustituya el infinitivo entre paréntesis por una forma del condicional simple o el condicional compuesto según convenga:

1.- (Cabrearse, yo)...............con sus chistes racistas. Menos mal que no estaba con vosotros.
2.- Si supiera alemán no (timar, él, a mí).............este tío esta mañana.
3.- ¡Qué pena! Con mucho más dinero (comprarse, yo)...........la casa del General.
4.- Si supiera inglés no (timar, a mí).........nadie.
5.- Con menos gastos en armamento, seguro nadie (morirse) .... de hambre.
6.- Tanto tiempo en un país (hacerse, yo)............ muchos amigos.
7.- (Ser)..................una vergüenza perder esta liga.
8.- Con menos gastos en armamento (poder, nosotros).......... salvar a muchos ya muertos.
9.- (Prestar, yo, a ti).......... el dinero si lo tuviera. Pero ya ves, estoy en blanco.
10.- Con tantos medios económicos (tener, ellos) ....que ser los pioneros de las investigaciones.

7. Sustituya el infinitivo entre paréntesis por una forma del futuro o del condicional (futuro simple, futuro compuesto, condicional simple o el condicional compuesto):

1.- Después de esta otra muerte súbita de futbolista (haber)...........que replantearse muy mucho la salud los deportistas.
2.- Todos (deber)....................tener cuidado con nuestra salud.
3.- Así se (evitar)..............estos casos tan trágicos.
4.-Espérame aquí. (volver, yo)...............ahora mismo a buscarte.
5.- ¿(Saber, usted, a mí)...........decir dónde (poder, yo)............comprar tabaco?
6.- ¿(Irse, tú)................de paseo sin agua con el calor que hace?
7.- ¿-(Decir, a ti)...............Juan algo?
8.- ¿-(Deber, él)............hacerlo?
9.- —Se lo (olvidar)...............probablemente.
10.- —O se lo (estar)...........pensando.

8. Sustituya el infinitivo entre paréntesis por una forma del futuro o del condicional (futuro simple, futuro compuesto, condicional simple o el condicional compuesto):

1.- — Pues (haber)................que ir a verlos.
2.- ¿-(Pasar, a ellos).................algo?
3.- ¿-O (conseguir, ellos).............un contrato mejor?
4.- —No lo creo, me lo (comentar, ellos) o, por lo menos me (llamar, ellos)..............,
5.- —Probablemente (ser)..........un mero retraso; (llegar, ellos) ....dentro de poco ya (ver, tú).................
6.- —Pues (haber).................que esperar. Sino (suponer, ello) ....una mala publicidad para ellos.
7.- —Ellos lo saben. Así que (hacer, ellos)...............todo lo posible para estar aquí.
8.- No sabían que eras médico. (llamar, ellos, a ti)..............para atender al herido.

9.- ¿Quién lo (decir)...........? ¡ya es navidad!
10.- ¡Qué pena que se haya ido! (regalar, yo, a él)................una tela de mi tierra.

9. Exprese la probabilidad o la duda en las siguientes frases con los tiempos del futuro (futuro simple, futuro compuesto, condicional simple y condicional compuesto):

1.- Cuando lo necesitemos, lo (aprender, nosotros)....................
2.- Lleva 5 años en la Universidad. ¿(acabar, él)...........la carrera?
3.- No sabíamos nada de la fiesta. (venir, nosotros)..............
4.- (Estar, vosotros)..........en cuarto cuando aquello ocurrió.
5.- ¿Otra vez el policía? ¿Qué (querer, él, a mí) ....ahora?
6.- (Valer, tú)............para la carrera de derecho. La (sacar, tú) ....sin ningún problema.
7.- Por favor, ¿(ser, usted).............el hermano del Rey?
8.- A esta edad (buscarse, yo)............un empleo estable.
9.- ¿(Importar, a usted)................echarme una mano?
10.- ¿(Poder, tú)............ irte sola a casa?

10. Sustituya el verbo *dar* por otro adecuado al significado de las siguientes frases de manera que no se repita ninguno:

1.- Doy clases de lengua en la Universidad de Costa de Marfil.
2.- El pintor da de barniz a la puerta de la iglesia.
3.- La Asociación futbolistas ha dado su pésame a la familia del jugador Puerta.
4.- ¡Qué gusto da un baño en verano!
5.- Esta chica me ha dado el día.
6.- Me da el corazón que ganaremos la liga.
7.- El reloj da las cinco.
8.- Hoy he dado con mi media naranja.
9.- Juliana se ha dado con la puerta.
10.- La policía daba tras el ladrón.

UNIDAD 16

SER Y ESTAR

1. Complete las frases siguientes con *ser* o *estar* :

1.- ¡Eso no puede........... ; mi madre ....eligada pregonera de la fiesta de mi pueblo!
2.- Quienquiera que ....no te tengo miedo, además te ....esperando.
3.- No me gusta...........en medio de tantas polémicas. Eso me .... fastidiando mucho.
4.- Don Emilio, le................siempre muy agradecido.
5.- ¿Sabes quién ha.............el listillo que me ha............ comiendo el helado?
6.- La casa..............por construir.
7.- ¿A qué hora...........abierta la biblioteca? ¿Y quién............el bibliotecario ?
8.- ¿ Y cómo........que no te has vestido todavía. Seguro que (nosotros).........los últimos.
9.- ¿Quién..........nuestro próximo Presidente? ¿...........ya entre nosotros?
10.- (Yo).........por abandonarlo todo y voler a mi tierra.

2. Complete las siguientes frases con *ser* y *estar* :

1.- ....nevando mucho y (tú)........sin una manta. (te).........jugando la vida.
2.- Todos........lo que comemos. Eso sí que...........verdad.
3.- (Ellos)..........llorando porque su mascota.................muerta.
4.- ¿Sabes qué hora..........? - ....las doce.
5.- Ya...........demasiado tarde para volver a casa.
6.- (Nosotros) te................esperando para comer.
7.- ¿Te vienes con nosotros? — Va a...........que no.

8.- Él..........el primero en darse cuenta de que esta relación...........un tongo.
9.- Este helado............de fresa. Yo.............más de chocolate.
10.- (Nosotros).................por ver el inicio del nuevo campeón de liga.

3. Elija adecuadamente *ser* o *estar* según el sentido de la frase:

1.- La señora (es, está)...................... en lo que dices.
2.- Mercedes (está, están, son, es)....................... de la cofradía del puño cerrado.
3.- Mi familia (son, están, está, es).................. como un puño. No abulta nada.
4.- (Es, son, están, está)............... una pena ver morir de hambre a gente cuando otros lo (están, son)............ haciendo por comer demasiado.
5.- Como (estés, es, estás, seas)............... tú el que habla mal de mí, te juro que me acordaré de tu madre.
6.- (Estoy, soy)............ en contra de la pena de muerte, pero (estoy, soy)................. a favor de la cadena perpetua.
7.- Tirar la piedra y esconder la mano (es, son, está, están)............ de cobardes.
8.- Cuando (sea, sean, estés, estén)............ mayor me casaré con una chica inteligente.
9.- Se comporta como si (estuviera, estuvieras, fuera, era, estaba)........... en una isla desierta.
10.- En la tradición africana (estamos, está, es, somos) .... mal visto sonreír a una mujer casada.

4. Complete las siguientes frases usando *ser* o *estar* de acuerdo con el sentido de la frase:

1.- No........bueno contar a uno sus cosas íntimas. Ahora todo ....dinero.
2.- Hoy..........a 6 de agosto,..............el cumpleaños de María.
3.- La mesa que (él) me..........haciendo es de ébano.
4.- (yo).............seguro de que volverá a caer en la misma trampa.
5.- Esto..........mi seguro de vida. Lo tengo que cuidar con suma atención.
6.- Cuando se entere de que he acabado la carrera.........orgulloso de mí.
7.- Cuando me necesite...............a su plena disposición para lo que quiera.
8.- Como...........el mismo chico de la otra noche, llamaré inmediatamente a la plicía.
9.- Por.........poco trabajador se ha quedado sin la paga extra del verano.
10.- No le hables todavía,.........bajo los efectos de los medicamentos.

5. Complete las siguientes frases usando *ser* o *estar* de acuerdo con el sentido de la frase:

1.- Ana.........doctora en económica. ....de contable en una embajada.
2.- Julia...............licencia en derecho, ...abogada en un bufete.
3.- Me.............divirtiendo como un niño. ¡Eso.............vivir!
4.- Cuando volvamos ya...................de noche.
5.- ¿Cómo.............el nuevo alumno? ¿Está bueno?
6.- —No lo he visto, pero parece que..............como un tren; ¡vamos! Para comérselo.
7.- ¿A cuánto............los aguacates? —..... a un euro la unidad.
8.- ¿Cuántos...........? —............unos doscientos.
9.- Eso.............jugar y no lo que hace el Madrid.
10.- Lo de tener un novio cubano............de moda en España.

6. Ponga *ser* o *estar* en las siguientes frases según su sentido:

1.- (Yo) Ya................ listo, podemos ir a donde quieras.
2.- Ana..................negra de tanto trabajo.
3.- ¡Qué sucia................la casa! Parece que aquí no vive nadie.
4.- ....comprometido acusar a uno de delincuente.
5.- Damos gracias a Dios por.................vivo después de esta tormenta.
6.- Este plátano.....................muy verde, no se puede comer.
7.- Los inmigrantes pagan un soborno por.............ilegales.
8.- La ropa que llevaba Julia..............de color negro.
9.- Tú quieres comer sin poner nada. ¡Qué listo.........., macho!
10.- Javier cuida muy bien a sus hijos;...........un señor muy atento.

7. Sustituya las expresiones siguientes por un adjetivo correspondiente:

1.- Estar como una cabra.
2.- Estar harto.
3.- Ser una patata caliente.
4.- Ser un ángel.
5.- Estar hecho de sal.
6.- Ser una pimienta.
7.- Ser algo del tiempo del rey que rabió.
8.- Estar alguien hasta la madre.
9.- Ser padre de pobres.
10.- Ser una rata.

8. Complete las siguientes frases con las siguientes expresiones con ser o estar: *estar con la leche en los labios; ser la hostia; estar en buenas manos; estar en cama; estar sin padre ni madre, ni perro que me ladre; estar como una cabra; estar en casa de tía; estar en dinero; ser pan comido; ser musa:*

1.- Mi padre ha sido nombrado ministro; ¡Eso......................!
2.- Con mis suegros mi hija.........................., porque la cuidarán bien.
3.- "Mami wata"......................de muchos escritores africanos.
4.- Nacho acaba de terminar la carrera. .... Así que necesita más tiempo para trabajar solo.
5.- ¿Qué hace éste? ....; conduce en dirección contraria.
6.- Ir en bicicleta.........................para mí, yo ya sé ir en moto.
7.-Te puedes venir a vivir conmigo; (yo) ....
8.- La policía le ha pillado traficando con droga; y ahora (él) ....
9.- Hoy he trabajado duro, necesito................sino me tendrán que llevar a urgencias.
10.- Ya me puedo comprar el coche que me gusta porque ahora (yo)..................

9. Relacione cada expresión con su respectivo significado:

1.- Ser más claro que el agua.
2.- Ser uña y carne dos personas.
3.- Ser un hombre hecho.
4.- Ser hombre de buena cabeza.
5.- Ser más listo que el hambre.
6.- Ser harina de otro costal.
7.- Ser un pájaro de mal agüero.
8.- Ser un hombre de pelo en pecho.
9.- Ser un hueso duro de roer.
10.- Ser más el ruido que las nueces.

A.- Ser maduro y responsable de sus actos.
B.- Ser de carácter desagradable o de trato difícil.
C.- Para señalar que algo aparentemente importante tiene poca sustancia o es insignificante.
D.- Persona que acostumbra a anunciar que algo malo sucederá en el futuro.
E.- Haber estrecha amistad entre ellas.
F.- Hombre de Juicio, talento y capacidad.
G.- Ser muy ajeno o diferente de otra cosa con que es comparado.
H.- Ser una persona Vigorosa, robusta y denodada.
I.- Ser Evidente, patente.
J.- Para ponderar la agudeza, ingenio y expedición de alguien.

10. Relacione cada expresión con su respectivo significado:

1.- Ser un pájaro de cuenta.
2.- Ser algo pan comido.
3.- Ser alguien de medio pelo.
4.- Estar en los huesos.
5.- Estar a palo seco.
6.- Ser de mieles algo.
7.- Ser un cabeza cuadrada.
8.- Ser hombre de buena cabeza.
9.- Estar seguro como agua en cesto.
10.- Ser algo pan y miel.

A.- Persona a quien por sus condiciones hay que tratar con cautela.
B.- Ser muy gustoso, suave, dulce y deleitable.
C.- Estar sumamente delgado.
D.- Ser muy bueno y agradable.
E.- Hombre de Juicio, talento y capacidad.
F.- Ser muy fácil de conseguir.
G.- Persona metódica y demasiado obstinada.
H.- Sin comer ni beber.
I.- No tener ninguna seguridad.
J.- Que quiere aparentar más de lo que es.

UNIDAD 17

EL IMPERATIVO

1. Ponga en imperativo los siguientes verbos entre paréntesis:

1.- ¡(Mimar, usted)............a sus hijos y se lo sabrán agradecer!
2.- ¡(Escribir, vosotros).............en vuestras lenguas maternas! Os ayudará a aprender otros idiomas.
3.- ¡(Convivir, ustedes).........con los demás para conocerlos mejor!
4.- ¡(Gritar).............cuando tengas miedo!
5.- ¡(Controlar)...........vuestra tensión arterial de vez en cuando!
6.- ¡(Tomar, usted)...............sus pastillas!
7.- ¡(Tocar)............mejor y la gente irá a verte!
8.- ¡(Presentar, ustedes)..........sus credenciales para poder pasar!
9.- ¡(Cortar, nosotros)................los troncos de los árboles en verano!
10.- ¡(Cantar, tú)..............la canción esta que me gusta!

2. Ponga en imperativo los siguientes verbos entre paréntesis:

1.- ¡(Vosotros, morder)...................con precaución!
2.- ¡(Tú, venir)................a verme cuando quieras!
3.- ¡(Ustedes, contar)...............conmigo para lo que haga falta!
4.- ¡(Tú, decir)...............la verdad y tendrás menos problemas!
5.- ¡(Vosotros, aprobar).............vuestros exámenes para seguir estudiando!
6.- ¡(Usted, medir).............las posibilidades antes de montar su empresa!
7.- ¡(Tú, ser)..............bueno alguna vez!
8.- ¡(Usted, podrir)..........en la cárcel!
9.- ¡(Ustedes, merecer)............todo lo que les den!
10.- ¡(Usted, crecer)..............como un buen hombre!

3. Ponga en imperativo los siguientes verbos entre paréntesis:

1.- ¡(Escribir, vosotros, a ella)................una carta a vuestra madre!
2.- ¡Cariño, (mimar, tú, a mí)................mucho!
3.- ¡(Encargarse, ustedes)..................de apagar las luces!
4.- ¡(Olvidarse, vosotros).............de vuestra paga extra!
5.- ¡(Entregar, tú, a mí)................lo que tienes escondido!
6.- ¡(Acercarse, ustedes)...................más para verlo mejor!
7.- ¡(Comprometerse, tú)..................con las obras sociales!
8.- ¡(Divertirse)................como podáis!
9.- ¡(Cubrirse, tú).......................las espaldas!
10.- ¡(Buscarse, nosotros)....................la vida!

4. Ponga en imperativo los siguientes verbos entre paréntesis:

1.- ¡(Hacer, tú, a mí)..................una tortilla española!
2.- ¡(Tenerse, vosotros).............fuera de mi vista!
3.- ¡(Satisfacer, ustedes, a nosotros)................con un buen plato!
4.- ¡(Moverse, vosotros)......................jóvenes!
5.- ¡(Firmar, usted, a mí)..................un autógrafo!
6.- ¡(Sentarse, nosotros)..............en estas sillas!
7.- ¡(Sentirse, ustedes).............orgullosos por el trabajo hecho!
8.- ¡(Reconocer, vosotros, a nosotros)...........como vuestros salvadores!
9.- ¡(Ponerse, tú).............detrás de mí!
10.- ¡(Traer, vosotros, a ellos)...............un regalo de allí!

5. Ponga en la forma negativa del imperativo los siguientes verbos entre paréntesis:

1.- ¡No (mimar, usted)...............a sus hijos!
2.- ¡No (escribir).............en vuestras lenguas maternas!
3.- ¡No (convivir, ustedes)..............con los demás para conocerlos mejor!
4.- ¡No (gritar)..............cuando tengas miedo!
5.- ¡No (controlar)...................nunca vuestra tensión arterial!
6.- ¡No (tomar, usted)...............sus pastillas!
7.- ¡No (tocar, tú)............la guitarra!
8.- ¡No (presentar, ustedes)...............sus credenciales!
9.- ¡No (nosotros, cortar, nosotros)................los troncos de los árboles en verano!
10.- ¡No (cantar, tú)..............la canción esta que me gusta!

6. Ponga en la forma negativa del imperativo los siguientes verbos entre paréntesis:

1.- ¡No (morder, vosotros)...................con precipitación!
2.- ¡No (venir, tú)................a verme cuando quieras!
3.- ¡No (contar, ustedes)...............conmigo para nada!
4.- ¡No (decir, tú)..............jamás mentiras!
5.- ¡No (aprobar, vosotros).............vuestros exámenes!
6.- ¡No (medir, usted).............las posibilidades antes de montar su empresa!
7.- ¡No (ser, tú)..............malo nunca!
8.- ¡No (podrir, usted)...........en la cárcel!
9.- ¡No (merecer, ustedes)............todo lo que les den!
10.- ¡No (crecer, usted)..............como un tonto!

7. Ponga en la forma negativa del imperativo los siguientes verbos entre paréntesis:

1.- ¡No (escribir, vosotros, a ella)................ninguna carta a vuestra madre!
2.- ¡Cariño, no (mimar, tú a mí).................tanto!
3.- ¡No (encargarse, ustedes)...................de apagar las luces!
4.- ¡No (olvidarse, vosotros)..............de vuestra paga extra!
5.- ¡No (entregar, tú, a mí).................lo que tienes escondido!
6.- ¡No (acercarse, ustedes)....................más!
7.- ¡No (comprometerse, tú)..................con las malas obras!
8.- ¡No (divertirse, vosotros)................tanto!
9.- ¡No (cubrirse, tú)......................las espaldas!
10.- ¡No (buscarse, nosotros)...................la ruina!

8. Ponga en la forma negativa del imperativo los siguientes verbos entre paréntesis:

1.- ¡No (hacer, tú, a mí)...................una tortilla española!
2.- ¡No (tenerse, vosotros).............fuera de mi vista!
3.- ¡No (satisfacer, ustedes, a nosotros).................con un buen plato!
4.- ¡No (moverse, vosotros)......................jóvenes!
5.- ¡No (firmar, usted, a mí)..................ningún autógrafo!
6.- ¡No (sentarse, nosotros)..............en ninguna silla!
7.- ¡No (sentirse, ustedes).............orgullosos por el trabajo hecho!
8.- ¡No (reconocer, vosotros, a nosotros)...........como vuestros salvadores!
9.- ¡No (ponerse, tú).............detrás de mí!
10.- ¡No (traer, vosotros, a ellos)................ningún regalo de allí!

9. Ponga las siguientes frases en imperativo directo siguiendo el ejemplo:

Ej: usted tiene que llevar el cuadro a la Duquesa.
Lléveselo.

1.- Nos tenemos que creer su historia.
2.- Te tienes que subir la comida.
3.- Le tenemos que regalar un libro.
4.- Le tenemos que decir adiós.
5.- Le tienen que traer al hijo.
6.- Me tienes que contar la verdad.
7.- Me tienen que dar las gracias.
8.- Le tenéis que pagar los desperfectos.
9.- Te tienes que quitar el sombrero.
10.- Me tienen que comer este plato.

10. Haga lo mismo que el ejercicio precedente:

1.- Tenemos que decir la verdad al Presidente.
2.- Usted tiene que atenderme.
3.- Ustedes tienen que secar los azulejos del edificio.
4.- Tienes que irte a casa.
5.- Te tienes que poner los pantalones.
6.- Le tienes que hacer el ejercicio a Ana.
7.- Tienes que estar preparado.
8.- Tienes que salir de aquí.
9.- Me tienen que pagar la fianza.
10.- Tiene que mirar eso con atención.

UNIDAD 18

ESTILO INDIRECTO

1. Ponga las frases siguientes en estilo indirecto:

1.- El Papa dijo: "Quiero que haya una paz duradera".
2.- “Llegará el domingo por la tarde”, dijo.
3.- “Me voy de vacaciones mañana”, confirmó.
4.- “Eres un ladrón”, le dijeron.
5.- “No me compres nada”, me dijo.
6.- ¡”Siéntate aquí”! me mandó.
7.- ¡“Llámame a las diez!”, me dijo.
8.- “Me da igual todo lo que comentan”, Hizo saber.
9.- “Consúltalo todo con tus padres”, me aconsejó.
10.- “Se ha ido sin decir nada”, me comentó.

2. Ponga en estilo indirecto las siguientes frases:

1.- “Salid de aquí”, decía el conserje.
2.- “Deme algo para comer”, ha pedido el mendigo.
3.- “Tengan piedad”, nos ruega.
4.- “Ponte en la cola”, me había gritado.
5.- “Vete a casa”, me dijo.
6.- “Comed sano”, os aconsejaré.
7.- “Sed buenos”, suplicaban.
8.- “Compra comida”, le han dicho.
9.- “Respeta a tus padres”, había leído.
10.- “Confirma tu participación”, le diré.

3. Ponga en estilo indirecto las siguientes frases:

1.- "No te preocupes por las maletas, las tendrás mañana", me confirmó.
2.- "¿Cuántos años tienes"?, me preguntó.
3.- "Tendré 34 años en noviembre", le dije.
4.- "¿Te ha costado mucho llegar hasta aquí?" quiso saber.
5.- "Si no estas a gusto aquí cambiamos de sitio", me dijo.
6.- "Mañana será otro día", lanzó
7.- "Me preocupa el medio ambiente", dijo.
8.- "¡Etoó, saluda al campeón"!, le gritaron.
9.- "Se ha movido mucho, pero siempre ha sido por intereses", dijo.
10.- "Es mi primer bocata del día, no te lo puedo dejar", me dijo

4. Ponga en estilo indirecto las siguientes frases con el verbo introductor en presente de indicativo:

1.- "No te preocupes por las maletas, las tendrás mañana", me confirma.
2.- "¿Cuántos años tienes"?, me pregunta.
3.- "Tendré 34 años en noviembre", le digo.
4.- "¿Te ha costado mucho llegar hasta aquí?" quiere saber.
5.- "Si no estas a gusto aquí cambiamos de sitio", me dice.
6.- "Mañana será otro día", lanza.
7.- "Me preocupa el medio ambiente", dice.
8.- "¡Etoó, saluda al campeón"!, le gritan.
9.- "Se ha movido mucho, pero siempre ha sido por intereses, dice.
10.- "Es mi primer bocata del día, no te lo puedo dejar", me dice.

5. Ponga en estilo indirecto las siguientes frases con el verbo introductor en pretérito imperfecto de indicativo:

1.- "¿Serás el nuevo jefe de estudios? Me preguntaba.
2.- "No seas malo", me pedía.
3.- "Sí te quedas conmigo te compraré un regalo", me repetía.
4.- "Déjame en paz, no me interesas", le decía.
5.- "Vete a casa, aquí no pintas nada", le decía a su marido.
6.- "Sacadme de aquí, me ahogo", le oíamos decir.
7.- "Mírame a la cara y dime lo que piensas", le decía.
8.- "Me quedo a cenar con un amigo, nos decía.
9.- "No estoy contento con vosotros", comentaba.
10.- "Se ha casado sin avisarme", se quejaba su madre.

6. Ponga en estilo indirecto las siguientes frases con el verbo introductor en pretérito perfecto de indicativo:

1.- "¿Serás el nuevo jefe de estudios? Me ha preguntado.
2.- "No seas malo", me ha pedido.
3.- "Sí te quedas conmigo te compraré un regalo", me ha repetido.
4.- "Déjame en paz, no me interesas", le ha dicho.
5.- "Vete a casa, aquí no pintas nada, le ha dicho a su marido.
6.- "Sacadme de aquí, me ahogo", se le han oído decir.
7.- "Mírame a la cara y dime lo que piensas", me ha dicho.
8.- "Me quedo a cenar con un amigo, nos ha dicho.
9.- "No estoy contento con vosotros", ha comentado.
10.- "Se ha casado sin avisarme", se ha quejado su madre.

7. Empiece todas las frases por "Dijo que"

1.- ¡Cómprate una casa!
2.- ¡Súbete al tren de la modernidad!
3.- ¡No enseñes nada a mi madre!
4.- Me habría ido a Paris sin pensármelo.
5.- Si te vas, ¡no vuelvas más!
6.- Me sentiré mejor con un beso tuyo.
7.- Mercedes se habrá enfadado con algo que le haya dicho.
8.- Me vendría bien un momento de tranquilidad.
9.- Te lo contaré todo mañana.
10.- Estaremos en Viena en verano.

8. Empiece todas las frases por "me Dijo que":

1.- ¡No salgáis del país!
2.- ¡No os sometáis a la cirugía estética!
3.- ¡No tengáis miedo!
4.- ¡No des más dinero!
5.- ¡No seas malo!
6.- ¡No te pongas triste!
7.- ¡No te compres más cosas!
8.- ¡No pienso ir a la piscina!
9.- ¡No te vayas si no quieres!
10.- ¡No se lo digas si no tienes agallas!

9. Ponga las siguientes frases en estilo indirecto:

1.- "No me iré de aquí sin haber hablado con él", te dirá la mujer.
2.- "Es un error cortar las relaciones con tu país", le aconsejó el mediador.
3.- "Vámonos a casa, ya es de noche", dijo mi hermana.
4.- "¿Eres poeta?", me preguntó.
5.- "¿Podría llamarme un taxi?", me pidió.
6.- "¿Sabrían decirme dónde está la estación de trenes?", nos preguntó.
7.- "¿Has visto a Julia?", me preguntó.
8.- "¿Cuándo fue la última vez que te duchaste?", me preguntó.
9.- "No entiendo el alboroto que se ha montado", dijo el Presidente.
10.- "No te aguantaré nunca", aseguró el marido.

10. Empiece el siguiente texto por "Aconsejó":

"En una cazuela se pone un poco de aceite y manteca. Se estofa la cebolla con la carne y el ajo. Cuando empiece a dorar, se echa el vino, un poco de agua y una hoja de laurel. Se deja cocer a fuego lento. A mitad de cocción se le incorpora el jamón y las habas. Se deja hervir hasta que la carne esté tierna."

UNIDAD 19

PERIFRASIS VERBALES

1. Complete las siguientes oraciones con la forma correcta de DEBER o DEBER DE:

1.- No................portarte de esta forma con la gente extranjera.
2.- Rocío................pasarlo mal; la veo muy triste estos día.
3.- Tengo una oposición el mes que viene. Si la quiero aprobar ....estudiar mucho.
4.- Si quieres ser un buen jugador,..............dejar el alcohol.
5.- Se parece mucho a este señor;............ser su padre.
6.- Ya Jesús no habla,....................estar al borde de la quiebra.
7.- Me voy a casa,....................hacer la comida a mi familia.
8.- ¿Por qué la policía lo persigue?.................hecho algo grave.
9.- Esa herida te........................ doler mucho, ¿no?
10.- Este coche es muy caro;.....................ser muy bueno.

2. Complete las siguientes oraciones con la forma correcta de DEBER DE, TENER QUE, HABER QUE:

1.- ....ser muy ingenuo para creer en lo que dicen los políticos en campañas electorales.
2.- ....ser periodista para ejercer como tal.
3.- ....reaccionar contra los golpes de Estado en África.
4.- ....freír las patatas en aceite muy caliente.
5.- ¿Cuántos años tendrá esta niña? —..................tener unos 3 años.
6.- Creo que..................organizar las elecciones cuanto antes para restablecer la autoridad del Estado.
7.- Son las cinco,.............................haber llegado el bucanero.
8.- El gobierno..................bajar los impuestos para evitar la fuga de los artistas.
9.- .... que cambiar muy mucho si quieres formar parte de nuestro círculo de amigos.
10.- Me duele una pierna;...............haberme dado con algo sin darme cuenta.

3. Complete las siguientes oraciones con la forma correcta de *ir a + infinitivo, ir + gerundio, venir a + infinitivo* **según crea conveniente:**

1.- No sé exactamente, pero creo que esta mochila (costar, presente)....................30 euros.
2.- Tal como juega mi equipo, (yo, hacer, presente) .... la idea de que el partido está perdido.
3.- Se prevé que (haber, presente)......................una tornada esta noche.
4.- Es muy bruto; (ser, presente)......................muy difícil entenderme con él.
5.- Ya es tarde, me (acostar, presente)........................... Tengo que madrugar mañana.
6.- Julio (decir, presente)....................a todo el mundo que es hijo ilegítimo del Rey.
7.- ¡Qué parlanchín es! Le (costar, presente)..............cara su indiscreción.
8.- Estate preparado porque toda la tarde te (decir, futuro) .... todo lo que me tengas que comprar.
9.- No ha llegado todavía el contable, lo que (significar, presente) ....que no nos pagarán hasta mañana.
10.- En otras palabras, el Presidente (decir, presente) .... que el estado de salud de su ministro es muy delicado.

4. Complete las siguientes frases con los verbos *andar, ir, seguir, estar*:

1.- ¡..................llamando a la puerta! Te abrirá algún día.
2.- ¿Qué................haciendo mi madre? Lleva todo el día encerrada en su habitación.
3.- Mario se.....................planteando casarse con su novia.
4.- Lleva todo el día en este bar y creo que.................bebiendo todavía.

5.- Acabamos de llegar a esta ciudad y....................buscando un alojamiento.
6.- Si................pensando en pedirme dinero, por favor no lo hagas. Estoy en blanco.
7.- Ha suspendido el examen, pero piensa .... intentándolo.
8.- ....siendo hora de que todos pensemos en salvar nuestro planeta.
9.- El antiguo presidente.................siendo investigado por una presunta malversación.
10.- Mientras pueda, yo..........................haciendo lo que más gusta.

5. Complete las siguientes frases con los verbos *volver, querer, dejar, ponerse, poder* **en presente del indicativo:**

1.- ....dejar constancia de que él es el mejor del equipo.
2.- Yo..........................a subirme a un avión a pesar del miedo que le tengo.
3.- (Nosotros)............................formar un grupo de investigación muy importante.
4.- Uno.............ser un ex presidiario y presentarse a las elecciones presidenciales.
5.- Me.....................a comer de todo en cuanto llegue a casa.
6.- Un médico nunca...........................de serlo.
7.- Se...........................ser gitano e ir a la escuela.
8.- ¿Se........................ser político y ser buena gente?
9.- No..........................saber nada del antiguo jefe.
10.- Dentro de poco se......................a escribir la segunda parte de su trilogía.

6. Complete las siguientes frases con *estar por + infinitivo, estar para + infinitivo, estar a punto de + infinitivo, estar al + infinitivo:*

1.- Las ayudas humanitarias.............................llegar.
2.- La noticia del nacimiento de su hijo........................confirmar.
3.- El invitado.......................llegar.
4.- No...................andar diciendo bobadas esta mañana.
5.- Con el hambre que tengo....................comerme cualquier cosa.
6.- Hoy Manuel no.........................nosotros.
7.- Me gustan mucho estos pantalones;...................comprármelos.
8.- Se siento orgulloso del éxito de su hijo; hasta.............. felicitarlo.
9.- Este chico......................que lo lleven a un manicomio.
10.- Ahora si que Juanito no...................malgastar un euro.

7. Complete las siguientes frases con los verbos *dejar, tener, llevar, quedar*:

1.-Mi madre...................hecha la comida antes de ir al trabajo.
2.- En lo que va del año........................escrito algún artículo sobre el parentesco.
3.- El juicio sobre los fondos reservados ha......................visto para sentencia.
4.- Manolo.........................pensado acabar la carrera este año.
5.- Me....................prohibido a mí mismo entrar en un casino.
6.- La tiende......................abierta todo el día.
7.- Ya.....................hecha la comida; ¡A comer!
8.- Mis padres nos.................prohibido salir por las noches.
9.- María............................suelto el pelo.
10.- No hay que.......................puesta la olla cuando uno no está en la cocina.

8. Elija la o las opciones más adecuadas para completar las siguientes frases:

1.- Lo siento: todavía no me.....................trabajar en lo tuyo.
A. he dejado de. B. he puesto a. C. he podido.

2.- Ayer me.......................... trabajar en el campo y hoy tengo un dolor de espalda que no...................moverme.
A. puse a, pienso. B. harté de, puedo. C. tuve que, creo.

3.- Hoy...................a analizar el uso del gerundio.
A. iremos. B. seguiremos. C. vamos.

4.- Si reducen las retenciones,...............ganar unos 1.200 euros.
A. vendrás a. B. podrás. C. dejarás de.

5.- Desde enero..................leídos unos cuatro libros ya.
A. llevo. B. quedo. C. tengo.

6.- Manolo se......................hablar y no había quien la callara.
A. ponía a. B. llevaba. C. lanzaba a.

7.- Cuando se enteró de su embarazo se.....................a llorar como una tonta.
A. puso. B. echó. C. comenzó a.

8.-Si no vais de excursión,............asistir a clase con normalidad.
A. debéis. B. debéis de. C. tenéis que.

9.-Los alumnos implicados............someterse a las decisiones del Consejo Escolar.
A. piensan. B. quieren. C. han de.

10.- A Mónica le...........por mirarme con malos ojos últimamente.
A. ha querido. B. ha dado por. C. pensado en.

9. Completa las siguientes frases utilizando perífrasis verbales que vienen a continuación: *empezar a decir, poder negociar, tener quer sufrir, tiene que seguir creciendo, llegar a ser, conseguir ser, ponerse a estudiar,tener que ser, dejar preparadas, poder suspender, tener dicho:*

1.- Hasta que no tengas medios económicos no.................la cesión del terreno de la Casa del Campo.
2.- La democracia en África......................................
3.- Si sigues estudiando como ahora.........................alguien importante.
4.- Cada noche el profesor.....................las clases antes de acostarse.
5.- Para...............................lo que uno quiere, hace falta mucho esfuerzo.
6.- ....cuando se dio cuenta de que ....el examen.
7.- A los 8 meses de vida ya........................algunas palabras.
8.- Marta......................mucho para librarse de sus atracadores.
9.- Os.......................que hoy no recibo a nadie.
10.- Este coche.........................él de la directora de la academia.

10. Corrija en las siguientes frases el empleo de las perífrasis verbales si lo cree necesario:

1.- Queda a decir que ya no hablaremos de rebelión.
2.- Estoy seguro de que algún día llegarás a ser el mejor.
3.- Te vuelvo repitiendo que no conozco a esta chica.
4.- ¿Podría aceptar este premio de parte de sus alumnos?
5.- Sigue creído que se irá con nosotros al cine.
6.- Tengo de que reconocer que soy jugador de ajedrez.
7.- Dejo contratados dos albañiles para acabar mi casa.
8.- ¿Intentas de decirme que no sabes nada del robo?
9.- En muy poco podrás sacarte el carné de socios.
10.- Tengo hacer muchas cosas antes del anochecer.

UNIDAD 20

EL SUBJUNTIVO

1. Ponga las formas siguientes en las correspondientes formas del subjuntivo:

1.- Jugáis
2.- Traes
3.- Muerden
4.- Perdono
5.- Satisface
6.- Medís
7.- Suplico
8.- Reúnen
9.- Dice
10.- Soy

2. Ponga el subjuntivo o el indicativo donde crea conveniente:

1.- Cada vez que (ver, yo, a ti).......................pienso en mi amigo el carnicero.
2.- No soy quien (defender).................a mi rival político, pero no consiento tus insultos.
3.- No creo que (ser)...............buena idea tirarse a la piscina en pleno invierno.
4.- Temo que (quedarse, nosotros).......................sin cena esta noche.
5.- Me sorprender que (decir, ellos)..................eso de sus padres.
6.- Es muy probable que (salir, ellos)..............del Chad sin ser juzgados.
7.- No quiero que (enfadarse, tú)..................por una tontería.

8.- Aunque todos (saber, ellos).......................donde vivo, nunca me han visitado.

9.- Aunque (ser, yo)................ el más poderoso del mundo nunca interferiría en asuntos de otros países soberanos. Es muy feo.

10.- Espero que el tiempo (poner)................a cada uno en su sitio.

3. Ponga los verbos entre paréntesis en subjuntivo o indicativo según crea conveniente:

1.- Como no (traer ella, a mí)......................pronto el pasaporte seguro que (dormir, yo)............... en el calabozo.

2.- ¿Me da la fruta ésta que (estar)...................madura, por favor?

3.- ¿Me da una fruta que (estar)..................madura, por favor?

4.- Espero que (ir, a ti).....................bien en el examen.

5.- No le gusta que (soplar, ellos, a él)...................los resultados.

6.- Creo que no (decir ellos, a nosotros)....................la verdad.

7.- No veo para qué (tener, ellos).........................que llevarse a unos niños sin el consentimiento de sus padres.

8.- Es muy probable que lo (hacer, ellos)..............antes.

9.- ¡Qué bien que (poder, tú).....................andar sin muletas!

10.- No como todo lo que (respirar).....................

4. Ponga los verbos entre paréntesis en subjuntivo o indicativo según crea conveniente:

1.- Cuando no quiere comer no hay quién (hacer, a él) ....cambiar de idea.

2.- La próxima vez que (ver, yo, a ella).................le pediré un autógrafo.

3.- Es necesario que África (estar).............unida para defender mejor sus intereses.

4.- Cógeme la mano, no vaya a ser que (perderse, tú) ....
5.- Hoy comemos junto, a no ser que (tener, tú) ....otros planes.
6.- Tan pronto como (saber, ustedes)...............quién es, por favor (avisar, a mí)........................
7.- No me quedaré más en este sitio, a menos que (ofrecer, ellos, a mí) ....más garantía.
8.- No sabía que (vivir, ella).......................con su madre, por eso llamé tan tarde.
9.- Cómprame el jarabe sin que (ver, a ti)................nadie.
10.- No consiento que (decir, ellos, a mí)................lo que tengo que hacer.

5. Ponga los verbos entre paréntesis en subjuntivo o indicativo según crea conveniente:

1.- (Tener).......................... usted cuidado al subir la escalera. Acabo de fregar el suelo.
2.- Seguiría enseñando aunque me (tocar)...........................la lotería.
3.- ¿Qué quería que (hacer, yo)...................si era más fuerte que yo?
4.- ¿Era necesario que (decir, tú)............tantas barbaridades?
5.- Dile que (reservar, él, a ti)....................... una mesa para dos personas.
6.- Era posible que (saber, él).................. dónde estábamos.
7.- Es difícil que (hacer, nosotros)................. una tortilla sin romper los huevos.
8.- Te importa que (fumar, yo)............................a tu lado?
9.- Me llamó en cuanto (saber, él)...............donde vivía.
10.- Espero que (poder, nosotros)............. vernos muy pronto.

6. Ponga los verbos entre paréntesis en subjuntivo o indicativo según crea conveniente:

1.- Cuando (pagar, tú, a mí)........................lo que me debes, te daré otro préstamo.
2.- ¿Ves? cuando (pagar, tú, a mí)..........................lo que me debes, te doy otro préstamo.
3.- Como (soltar, él)................otra sandez, le mando al calabozo.
4.- Quien (cruzar)......................esta puerta tendrá sus pecados perdonados.
5.- Quienes (cruzar)......................aquella puerta tuvieron sus pecados perdonados.
6.- ¡Ojalá (llover)........................paz en África!
7.- Hoy me comería todo lo que (hacer)....................falta.
8.- ¡Ojalá (tener, yo)...........fe en mi mismo, movería montañas!
9.- Más vale que (saber, tú)................jugar al fútbol.
10.- No sé con quién (tener, yo)..............que hablar para solucionar mi problema.

7. Ponga los verbos entre paréntesis en subjuntivo o indicativo según crea conveniente:

1.- Sería necesario que (hablar, usted)..........con un siquiatra.
2.- Le pedí que no (consumir)..............tantos litros de cerveza.
3.- Lamento mucho que no (sobrevivir, él)................
4.- A nadie le (amargar)...................un dulce.
5.- Mi novio quería que (irse, yo)..............a vivir con él.
6.- Ya que (saber, nosotros)...............de qué va el asunto, nos preparamos en consecuencia.
7.- Dado que (ser, tú).................el heredero, debes convocar la reunión de familia.
8.- Me imagino que (conocer, vosotros).............la razón de nuestra visita.
9.- Supongo que (ser, nosotros)...............todos conscientes de la grave situación que vivimos actualmente.

10.- No aguanto que (quedarse, ella)................sola con la custodia de los niños.

8. Ponga los verbos entre paréntesis en subjuntivo o indicativo según crea conveniente:

1.- Raúl, que si (saber, tú)...................dónde está su mochila.
2.- Ten en cuenta el hecho de que (ser, él)..................tu hermano para no denunciarle.
3.- Porque (ser, él)................. manco no quiere que (hablarse) ....de Simancas.
4.- Por poco (comerse, yo)......................esta manzana podrida.
5.- Por más que (comentar, ellos).......................no abandonaré a mi novio.
6.- Más (valer)..........................que (estar)................papá en casa, sino dormiremos en la calle.
7.- Por lo que (leer, nosotros)...............por allí, la broma ha ido a más, y ya se están llamando a los embajadores a consulta.
8.- ¿A que no (imaginarse, tú)................a quién he visto esta mañana?
9.- Estoy seguro de que (estar, tú)........................con Juan esta mañana.
10.- Siento mucho que eso (molestar, a ti).................... .

9. Complete las siguientes frases con la forma del subjuntivo que convenga:

1.- Me ha encantado que (pasar, nosotros)...............este tiempo juntos.
2.- Nos supo mal que (decir, ella)...............todo eso de nosotras.
3.-No creí que (ser, vosotros)..............capaces de resolver aquel problema.

4.- Se moriría si (saber, ella)...............que su desnudo estaba por internet.
5.- Quiero que (contar, tú, a mí).......................todo.
6.- Me molesta que mi madre no (escuchar, a mí).....................
7.-Nos asustó que (tener, él)................tanto dinero en el bolsillo.
8.- Espero que todo (ir, a ti)..............muy bien.
9.- Cuando (comer, tú)................todo tu plato, avísame.
10.- Me conformaría con que (dejar, el).............el poder después de dos mandatos.

10. Complete las siguientes frases con la forma del subjuntivo o indicativo que convenga:

1.- Cuenta que lo que (querer, tú).............., no te hará nada.
2.- Por mucho que (esforzarse, él)............. no terminará la carrera.
3.- Por mucho que (esforzarse, él)............. no termina la carrera.
4.- Quiero un coche que (consumir)............ menos, porque hago muchos kilómetros.
5.- Quiero el coche que (consumir)............. menos, porque hago muchos kilómetros.
6.- Voy al cine aunque (tener, yo)............. que quedarme sin dormir toda la noche.
7.- Fuí al cine aunque (tener, yo)............ que quedarme sin dormir toda la noche.
8.- Siento que (ocurrir, a ti)................. ésto.
9.- Siento que (ocurrir, a ti)............... algo si no tomas medidas apropiadas.
10.- Cuando (querer, tú)............, quedamos. No tengo nada que hacer hoy.

UNIDAD 21

SUBORDINADA SUSTANTIVA

1. Ponga el infinitivo entre paréntesis en la forma adecuada (*infinitivo o que + subjuntivo*):

1.- Lamento profundamente (ocurrirse a ti)...........esta desgracia.
2.- El intentará (conseguir, ella)...................lo que busca.
3.- No consienten (hablar, nosotros)...........así a la gente mayor.
4.- No creo (leer, tú)..................todo el Quijote.
5.- Entiende (no querer, nosotros)..................formar parte de esta estafa.
6.- Le gustaría (comprar, ella).......................sola el piso.
7.- Quiero (venir, tú).......................a mi defensa de tesis.
8.- Exige (ir, ellos)....................a la facultad bien vestidos.
9.- No me importaría (tener, a él)................como mi jefe.
10.- Conseguirá (salir)......su nombre en la lista de los aprobados.

2. Ponga el infinitivo entre paréntesis en la forma adecuada (*infinitivo o que + subjuntivo*):

1.- Os prohíbo (venir)..................a fumar en las clases.
2.- Es una pena (vivir, él)..................en una miseria tan profunda.
3.- Es sorprendente (no enterarse).............nadie de su malestar.
4.- Nos encantaría (ayudar, a vosotros)..........................
5.- Quiere (regalar, a ella)....................un diamante el día de su cumpleaños.
6.- Nos pide (cuidar, nosotros)...............bien a los niños.
7.- Os ordeno (venir)............todas con uniforme.
8.- Te ruego (no poner, tú)...............los pies sobre la mesa.
9.- Convendría (sacarse).................el carné de conducir antes de coger un coche.
10.- Yo desearía (no ir, ella)....................tan pronto a la guardería.

3. Ponga el infinitivo entre paréntesis en indicativo o subjuntivo según convenga:

1.- Desearía que (estar, nosotros)....................un día sin hablar de política.
2.- Nos confirmaron que (matarse, él)..............en un accidente de tráfico.
3.- Confiamos en que (entenderse, ellos).................algún día.
4.- No creo que (ser, él)....................culpable de estos hechos.
5.- Supieron que (ser, él)..............cura en la misma iglesia.
6.- Cuento con que (venir, vosotros)..............a mi fiesta.
7.- Lamento que eso no (ser)................de su agrado.
8.- Se ha dado cuenta de que no (ser, él)...........infalible.
9.- Nunca sospeché que (poder, él).............ser mi hermano.
10.- Me parece vergonzoso que (acusar, ellos)...........el pueblo de xenófobo.

4. Ponga el infinitivo entre paréntesis en indicativo o subjuntivo según convenga:

1.- Creemos que no (ser)..............él.
2.- Pude Confirmar que los resultados (ser)...................... fiables.
3.- Tenía la esperanza de que Juan (salvarse).........................
4.- Tenía la certeza de que (hacer, yo).................lo correcto.
5.- No tengamos miedo de que nos (juzgar, ellos) ....
6.- Vive con la esperanza de que algún día (ser)................presidente.
7.- Ya estamos aburridos de que nos (servir)...............lo mismo.
8.- Estoy seguro de que Sandra (casarse)..................con alguien bueno.
9.- No estés tan convencido de que él (ir)..............a aprobar el examen.
10.- Te aseguro que no (ser)....................el preferido.

5. Ponga el infinitivo entre paréntesis en indicativo o subjuntivo según convenga:

1.- Me dijo que me (convocar)..................a tiempo.
2.- Estoy convencido de que (retractarse, él)................muy pronto.
3.- Me recordó que José Luis (ser)...............profesor de universidad.
4.- No creo que lo (saber, él)...................todavía.
5.- No consiento que la gente (comportarse)..................de esta manera.
6.- Pienso que (asistir, él).....................a la reunión.
7.- Afirmamos que no (ser, nosotros)..................responsables de los desperfectos.
8.- Enseguida nos dimos cuenta de que (estar, ella) ....borracha.
9.- No cree que (tener, él)...................las cualidades requeridas para el puesto.
10.- Habla sin que nadie le (hacer)................caso.

6. Ponga el infinitivo entre paréntesis en indicativo o subjuntivo según convenga:

1.- Considero que (ser, ella).................ideal para lo que hace.
2.- No creo que (poder, usted)..............suplir la vacancia.
3.- Estamos seguros de que (comer, él)................con nosotros hoy.
4.- No me importa que (llevarse, ellos)................mal con sus padres.
5.- Nos hemos dado cuenta de que (sonreír, ella)............al chico de enfrente.
6.- Murmuraban que (ser, él)...................el próximo Presidente.
7.- Oímos que el niño (llamar)....................a sus padres.
8.- Me duele que (tener, tú).....................esta idea de mí.
9.- Te ruego que (comunicar, tú).............con ellos cada día.
10.- Me pide que le (decir)...............lo que sé de su familia.

7. Ponga las siguientes frases a la forma negativa:

1.- Me importa que me digan cosas bonitas.
2.- Es verdad que es mi mujer.
3.- Parece que está malita.
4.- Es evidente que lo ha hecho el jefe mismo.
5.- Me doy cuenta de que has progresado.
6.- Recuerdo que venías todas las mañanas a visitar a mi familia.
7.- Oímos que decía palabrotas desde su ventana.
8.- Sospechamos que podía ser el culpable.
9.- Te he dicho que salgas de aquí.
10.- Me dijo que comía a las seis.

8. Ponga las siguientes frases a la forma negativa:

1.- Recuerdo que era el más católico de todos.
2.- Pienso que es buena su contratación.
3.- Me dijo que conocía a tus padres.
4.- Creemos que podemos hacer el trabajo.
5.- Se dio cuenta de que conducía borracho.
6.- Me dijo que quería hablar conmigo.
7.- Está claro que somos buenos amigos.
8.- Estoy convencido de que tendremos suerte.
9.- Vi que Juan subía las escaleras.
10.- Me recordó que era hombre muy influyente.

9. Ponga las siguientes frases a la forma negativa:

1.- Siento que va a ser un día inolvidable.
2.- Tiene la certeza de que ha hecho lo correcto.
3.- Confirmo que va a estar con nosotros esta tarde.
4.- Creo que se lee todo el Quijote.
5.- Entiende que somos propietarios de esta empresa.
6.- Te aseguro que me ha llamado esta mañana.
7.- Pudimos comprobar que había leído la tesis.
8.- Quiero asegurarme de que todo está en su sitio.
9.- Tienen la impresión de que ocurrirá mañana.
10.- Estamos seguros de que te haremos feliz.

10. Ponga las siguientes frases a la forma negativa:

1.- Veo que pasan un día sin hablar de política.
2.- Nos confirmaron que se mató en un accidente de tráfico.
3.- Confiamos en que se entenderán algún día.
4.- Creo que es el culpable de estos hechos.
5.- Supieron que era cura en la misma iglesia.
6.- Cuento con que vendréis a mi fiesta.
7.- Menciono que eso ha sido de su agrado.
8.- Se ha dado cuenta de que es infalible.
9.- Sospecho que puede ser mi hermano.
10.- Comprobamos que el pueblo es ambicioso.

UNIDAD 22

ORACIONES SUBORDINADAS ADJETIVAS O DE RELATIVO

1. Complete las siguientes oraciones con el relativo que convenga:

1.- Los niños..................no van a la guardería son más tímidos.
2.- Recompensamos a..sepan las respuestas de las preguntas.
3.- Los alumnos.....................habían aprobado el examen estaban muy contentos.
4.- Nos marcharemos.........................lo decida yo.
5.- Se casará con...................le dé la gana.
6.- Vinieron muchos turistas, algunos de......................quisieron visitar la zona cero de Barajas.
7.- Busco algo...................me quite el sueño.
8.- Hay muchas cosas de este artículo..................no me gustan.
9.-Hoy vendrá la actriz por..............has preguntado siempre.
10.- Es un avión...................tiene todas las revisiones en regla.

2. Complete las siguientes oraciones con el relativo que convenga:

1.- Ponte........................quieras.
2.- Ven......................puedas.
3.- Cómprale............................necesite.
4.- El país................capital es Abidjan sufre una rebelión.
5.- Soy..............................llamó la semana pasada.
6.- Esta casa es..........................vivo.
7.- Acabó pidiendo ayuda,........................es normal en él.
8.- Se fue...........................nunca quiso ir.
9.- Se separó.........................ya no podía más.
10.- Es la casa más bonita de......................tengo.

3. Complete las siguientes oraciones con el relativo que convenga:

1.- ....se fue a Sevilla perdió su silla.
2.- El país en.............vivo no es el mío.
3.- Eres tú a....................quiero hablar.
4.- La niña...................tiene cinco años es de mi barrio.
5.- El gato..................cola es negra es de mi vecina.
6.- Elegimos................pueda sacarnos de apuros.
7.- Necesito alguien.......................quiera ser mi socio.
8.- Visitaremos........................museos elijas.
9.- Está haciendo un trabajo.................le gusta.
10.- Quiero estudiar algo.....................me llene.

4. Complete las siguientes oraciones con el relativo que convenga:

1.- La chica por....................no duermo es Vallisoletana.
2.- Los................coman no verán sus deseos cumplidos.
3.- Compraron los zapatos................les gustaban.
4.- Lo............te confieso es la pura verdad.
5.- Ese es la camisa..................quiero para mi cumpleaños.
6.- Necesitamos un coche.................funcione con agua.
7.- Nos confirmó todo.................veníamos pensando.
8.- La ley contra......................luchamos no saldrá adelante.
9.- Comeremos................acabe él de cocinar.
10.- Hay................vive con una estrella encima de su cabeza.

5. Ponga los verbos entre paréntesis en el tiempo y modos adecuados:

1.- Busco a alguien que (saber)................. hacer la comida.
2.- Haré todo cuanto me (pedir)..................... mi novia.
3.- He aceptado todo lo que me (decir, él).................. ayer.
4.- El bolígrafo que te (regalar, yo)............... era de mi abuelo.
5.- No me portaré como me (decir).....................mi novia.
6.- Quiero los libros que te (prestar, yo)............ la otra vez.
7.- Me he ofrecido el coche que me (aconsejar)......... mi amigo.
8.- Iremos al país que nos (gustar)...............
9.- No hay quien (poder)................ con él.
10.- Pensaron en las cosas que (hacer).................. de pequeños.

6. Ponga los verbos entre paréntesis en el tiempo y modos adecuados:

1.- Vivirían en el país donde (estar).......................a gusto.
2.- No conocía libros que no (leer)..............................
3.- Buscaba a alguien que (saber)...................... chino.
4.- Le he proporcionado todo lo que (querer).......................
5.- Le daré todo lo que (querer)...................
6.- Cosecha todo lo que (estar)......................maduro.
7.- Necesitaba un aparato que (poder)...........servir a los niños.
8.- Estaba buscando algo que (ser)...........................barato.
9.- Me decía lo que (querer)...........................
10.- Echaremos al que no nos (gustar)........................

7. Ponga los verbos entre paréntesis en el tiempo y modos adecuados:

1.- Nos habló de todo lo que (querer, él)..................
2.- Pídanle todo lo que (querer, ustedes).....................
3.- Ese es el trabajo que (necesitar).....................
4.- Regala todo lo que no te (ir).............. a poner.
5.- El que (decir)....................la verdad tendrá la bendición del todopoderoso.
6.- Compraba todo lo que le (parecer)...................bueno, bonito y barato.
7.- El haría cualquier cosa que le (hacer)...................feliz.
8.- Quien (ver)....................mis gafas que me avise.
9.- Apoyaremos a todo los que (presentar)...................un buen programa de gobierno
10.- Me decidiré cuando (ver)...................todo muy claro.

8. Ponga los verbos entre paréntesis en el tiempo y modos adecuados:

1.- Es un coche que (reunir)........... todos los requisitos de seguridad.
2.- Confiésale lo que (querer, tú)................
3.- Habla cuando (saber, tú)................ algo.
4.- Me merezco algo que (estar)...............decentemente bien.
5.- Esa es la señora que (limpiar).......................nuestro portal.
6.- Está creando un ordenador que (almacenar).............. más cantidad de información.
7.- Te invitaré cuando te (disculpar).................
8.- Acaba comiendo lo mismo, lo cual no (ser)............. aconsejable.
9.- Ese es el autor de cuyos libros te (aconsejar).............
10.- Pide algo que (poder, tú)........... conseguir.

9. Una cada expresión con su significado:

1.-Por lo tanto.
2.- Tanto por tanto.
3.- Otro tanto.
4.- Tener buen qué.
5.- De adónde.
6.- Con tal de.
7.- De tan bueno es tonto.
8.- Por lo menos.
9.- A menos que.
10.- Hacer menos a alguien.

A.- A no ser que.
B.- Lo mismo.
C.- Con la condición de.
D.- Como mínimo.
E.- Por consiguiente.
F.- Para referirse a algo que es exagerado.
G.- Por el mismo precio.
H.- Tener alguna cualidad estimable.
I.- Despreciarlo, no darle importancia.
J.-Para indicar la imposibilidad de que se haga o se logre algo.

10. Una cada expresión con su significado:

1.- Cuando menos.
2.- Tal cual.
3.- Tal para cual.
4.- Donde no.
5.- ¿Por dónde?
6.- Cuanto antes.
7.- En cuanto a.
8.- En cuanto.
9.- ¿Adónde?
10.- ¡Cómo!

A.- Lo más pronto posible.
B.- Para denotar extrañeza o enfado.
C.- Así, así, medianamente.
D.- Por lo que corresponde a.
E.- A qué lugar.
F.- Al menos.
G.- De lo contrario.
H.- Como, en calidad de.
I.- Igualdad o semejanza.
J.- Denota razón causa o motivo.

UNIDAD 23

PROPOSICIONES SUBORDINADAS ADVERBIALES

1. Oraciones subordinadas adverbiales de modo. Ponga el verbo entre paréntesis en la forma que convenga (*infinitivo, indicativo o subjuntivo*):

1.- Hablaré según lo (creer, yo)................... necesario.
2.- Habló según lo (creer, yo)......................necesario.
3.- Lo hizo como mejor (pareció, a él).................
4.- Lo haré como mejor (parecer, a mí)...............
5.- Os podéis sentar como mejor (placer, a vosotros)...........
6.- Me vestiré como mejor (sentir, a mí).................
7.- Come como (enseñar, a ti).................tu padre.
8.- Cocino como (aconsejar)................ el cocinero.
9.- Según (decir, ellos).................. por allí, se ha casado en la cárcel.
10.- Salió de su escondite como si no (pasar)........................ nada.

2. Oraciones subordinadas adverbiales comparativas. Ponga el rasgo de comparación que falta en las siguientes frases:

1.- Es................inteligente que yo.
2.- Habla...............un libro cerrado.
3.- Tiene................cara como desvergüenza.
4.- Vive...............que cualquiera de nosotros.
5.- Está.......................de lo que todos creen.
6.- Miente...........como respira.
7.- Hizo tanto.................pudo para salvarle la vida.
8.- Come.................que su hermana.
9.- Es..........que su padre.
10.- Somos tan buenos jugadores.............los que llegan de fuera.

3. Oraciones subordinadas adverbiales temporales. Ponga el verbo entre paréntesis en la forma que convenga (*infinitivo, indicativo o subjuntivo*):

1.- Cada vez que (venir, él)................... a vernos, visitamos el museo del Prado.
2.- Ahora que (ser, él)................. de los nuestros, puede sentarse en nuestra silla.
3.- Antes de (comer, tú)..................., lávate las manos.
4.- Mientras (estar, vosotros).................. con la salsa, yo me encargo de cocinar el arroz.
5.- Antes de que (irte, tú).............. de aquí, me tienes que pagar lo que me debes.
6.- Siempre que nos (ver, él).............., nos confía algún secreto.
7.- Nada más (salir).................. de la cárcel, cometió otro delito.
8.- Cuando (saber)....................... la verdad, se fue llorando.
9.- Habré comido cuando (llegar, tú)......................... de tu trabajo.
10.- Después de (pasar)............... un mes con el coche, ahora me dice que no lo quiere.

4. Conjunciones comparativas. Ponga el rasgo de comparación que falta en las siguientes frases:

1.- Estamos............a gusto como en casa.
2.- Hacen tanto............pueden para salvar el país.
3.- Tiene tanta maldad.........buenas palabras que pronuncia.
4.- El Barça juega.....................que el Madrid.
5.- Tienes más niños................... los años de su novia.
6.- Es tan listo....................cortés.
7.- Come................huevos cuantos puede al día.
8.- Es tan lento.................. un caracol.
9.- Se miraron como...........no se conocieran.
10.- Eso me ha salido más caro..................que pensaba.

5. Oraciones subordinadas adverbiales concesivas. Ponga el verbo entre paréntesis en la forma que convenga (*indicativo o subjuntivo*):

1.- Pese a que (tener, él)......................... mejores notas, no consiguió el trabajo.
2.- Por poco que (hacer, tú)................, conseguirás mejor resultado que los demás.
3.- Por más tonto que (ser)............ un alumno, creo que sabe qué carrera cursa.
4.- Te casarás con él, (querer, tú, a él)...................... o no.
5.- Aunque (querer, yo, a él).................... no me casaría con él.
6.- No me pongo este traje, así (obligar, ellos, a mí).........................
7.- Bien que no (tener, yo)..............dinero, no faltaré por nada del mundo a un concierto de Julio Iglesias.
8.- Bien que (estar, yo).............. malo, voy a clase todos los días.
9.- Tengo una hija si bien (querer, yo)............. tener más.
10.- Por más que (querer, ellos).................hacer creer que son una Ong, lo cierto es que han actuado de modo ilegal.

6. Ponga *donde* con una preposición según los distintos matices significativos de ubicación, dirección, procedencia, destino, transcurso, tránsito, etc., cuando lo crea conveniente:

1.- Llamaba....................el coste de la llamada era más barato.
2.- Los militares van............................el Estado les manda.
3.- Se fueron de vacaciones.......................estuvieron hace años.
4.- Voy...............................la carretera está muy bien.
5.- Le Sacaré.........................ha vivido siempre.
6.- Se preguntan.........................quiere llegar con sus quejas.
7.- Esta casa..........................vivo me gusta mucho.
8.- No sabía.........................habían llevado a su hija.
9.- Tiende su ropa...................hay sol.
10.- Todo hambriento se dirige.........................hay comida.

7. Oraciones subordinadas adverbiales causales. Ponga el verbo entre paréntesis en la forma que convenga (*infinitivo, indicativo o subjuntivo*):

1.- Se suspende la clase dado que no (venir)...................... los alumnos.
2.- Comoquiera que (ser, tú)........................ mi amigo te invito a un café.
3.- Su mujer se enfadó con él por (llegar).................. tarde a su boda.
4.- Comoquiera que no (hacer, vosotros).................. nada hoy, no os pago.
5.- No porque (venir, tú)................. temprano te acompañaré al concierto.
6.- Como (hacer, tú).............. tus deberes, te regalo este bolso.
7.- No sale con él, pues lo (notar, tú)...................................
8.- No me empujes, que (caerse, yo)............................
9.- No voy no porque (temer, a ti)................., simplemente no quiero peleas.
10.- Has fracasado porque (ser, tú).................... un inútil.

8. Oraciones subordinadas adverbiales finales. Ponga el verbo entre paréntesis en la forma que convenga (*infinitivo o subjuntivo*):

1.- Se matan por (ser, ellos).................. amigos de los rebeldes.
2.- Hace cualquier cosa a fin de que (conseguir, él) .... lo que quiere.
3.- Se preparan con vistas a (ganar, ellos)............... las próximas elecciones.
4.- Me río para no (llorar)..................
5.- Arriesgan su vida por (mejorar)............... las de sus familias.
6.- Iré a mi país a (pasar)...................... las navidades.

7.- Te salvó para que (arrepentirse, tú).................. de lo que hiciste.
8.- No digo nada para no (comprometer, yo)........... lo pactado.
9.- Sonríe para que no (ver, ellos)................ su enfado.
10.- Va a (buscar, ella)................. uvas en la cocina.

9. Oraciones subordinadas adverbiales consecutivas. Ponga el verbo entre paréntesis en la forma que convenga (*infinitivo, indicativo o subjuntivo*):

1.- No eres bienvenido en mi casa de modo que no (volver) ....
2.- Huele de tal manera que (apestar)...................... .
3.- Habla tanto que nadie lo (tomar)................. en serio.
4.- Ya no voy con vosotros, así que podéis (devolver, a mí) .... el dinero.
5.- Se cayó de tal forma que (romperse, él)................. la cadera.
6.- El senegalés era tan alto que (llamar, él).............. mucho la atención.
7.- Estoy tan a gusto con él que no (pedir, yo).............. nada más.
8.- No hay plato que (gustar, a mí)............. tanto como la paella.
9.- Es tan ingenua como para (creer)............ en los cuentos de hada.
10.- Se le olvidó la hora de la cita de tanto (mirar)............. el reloj.

10. Oraciones subordinadas adverbiales condicionales. Ponga el verbo entre paréntesis en la forma que convenga (*indicativo, subjuntivo, infinitivo, gerundio o participio*):

1.- A poco que (hablar, tú)..........................., se sabe ya quien eres.
2.- (Estar)................... bien de salud, no hay por qué mendigar por allí.
3.- Esta herencia, bien (administrar)...................., nos evitaría muchos problemas.
4.- Como (volver, usted)................. a espiarme, avisaré la policía.
5.- Si (querer tú, a ella).................., díselo.
6.- Vamos de compras, excepto que (tener, ustedes)................. otro plan.
7.- Vamos a Paris, excepto si (preferir, tú).................. Venecia.
8.- Cómprate el coche siempre y cuando (tener, tú) .... donde dormir.
9.- Si (confesarse, yo)...................... no me sentiría tan mal ahora.
10.- Si (confesarse, yo)................ a tiempo, no me sentiré mal.

SEGUNDA PARTE

CLAVES DE EJERCICIOS

UNIDAD 1

EL ARTÍCULO

RESPUESTA 1:

1. la. 2. los, los. 3. las. 4. las. 5. el. 6. las. 7. la. 8. el, el. 9. el. 10. la.

RESPUESTA 2:

1. un. 2. unos. 3. unas. 4. unas. 5. unos. 6. unos. 7. uno. 8. unos. 9. un. 10. una.

RESPUETA 3:

1. (...). 2. (...), al. 3. el. 4. (...), la. 5. (...), al. 6. (...), (...). 7. (...). 8. (...). 9. el. 10. (...).

RESPUESTA 4:

1. unos. 2. un. 3. (...). 4. unos. 5. unas. 6. unos. 7. (...). 8. (...). 9. (...). 10. un.

RESPUESTA 5:

1. los. 2 los. 3 uno, el. 4. el (un). 5. Un (el). 6. unos (los). 7. los. 8. un, al. 9. un. 10. la, una.

RESPUESTA 6:

1. lo. 2. lo, unos. 3. unas, el. 4. lo, la. 5. (…), las. 6. los, una. 7. lo. 8. un, lo. 9. el. 10. lo.

RESPUESTA 7:

1. lo que. 2. lo de, lo mismo de. 3. lo cual. 4. lo de. 5. lo que. 6. lo que. 7. lo de. 8. lo mismo que. 9. lo de, lo mismo de. 10. lo que.

RESPUESTA 8:

1. un (el), las. 2. una, un. 3. unos. 4. (...), (...). 5. Unas (las), el. 6. (...).7. (...). 8. una. 9. unas, el. 10. un, la.

RESPUESTA 9:

1. Se refiere a una sustancia no contable.
2. Disciplina dependiente de un verbo de actividad mental.
3. Aparece el verbo <u>tener</u> en la forma negativa.
4. Se presta mayor atención al concepto que a la realidad extralingüística.
5. Se clasifica al sujeto.
6. Se refiere a una sustancia no contable.
7. <u>Ser+día</u> de la semana.
8. Se trata de una fecha expresada con el verbo <u>ser.</u>
9. Con este tratamiento no aparece el artículo.
10. <u>Estar</u>+ estación.

RESPUESTA 10:

1. Sustantivo no contable ya conocido, realidad conocida.
2. Artículo + parte del cuerpo: realidad conocida por todos.
3. Referencia a unos individuos conocidos.
4. Referencia a un individuo conocido.
5. Complemento de lengua dependiente de un verbo de actividad mental especificado.
6. Referencia a cada uno de los individuos de esa categoría.
7. Referencia a una tercera persona a la que no se trata directamente.
8. Realidad de referencia única a la que sigue un adyacente.
9. Referencia a una personalidad conocida. Referencia a un objeto conocido.
10. Referencia a un objeto que presentamos en ese momento.

UNIDAD 2

EL SUSTANTIVO

RESPUESTA 1:

1. albañila. 2. poetisa. 3. médica. 4. condesa. 5. decana. 6. mayordoma. 7. no existe. 8. no existe. 9. barbera. 10. bohemia.

RESPUESTA 2:

1. El. 2. El. 3. El. 4. El. 5. El. 6. La. 7. El. 8. La. 9. El (la). 10. El.

RESPUESTA 3:

1. Femenino. 2. Masculino. 3. Femenino. 4. Masculino. 5. Masculino. 6. Femenino. 7. Masculino. 8. Masculino. 9. Masculino. 10. Femenino.

RESPUESTA 4:

1. Reina. 2. Poetisa. 3. cuñada 4. Alcaldesa. 5. Señor. 6. Caballo. 7. Yerno. 8. Sacerdotisa. 9. Gata. 10. Toro.

RESPUESTA 5:

1C. 2F. 3H. 4D. 5E. 6I. 7B. 8G. 9A. 10J.

RESPUESTA 6:

1.P. 2.P. 3.S. 4.SP. 5.SP. 6.P. 7.S. 8.P. 9.SP. 10.SP.

RESPUESTA 7:

1MF. 2MF. 3F. 4F. 5MF. 6F. 7MF. 8MF. 9F. 10MF.

RESPUESTA 8:

NOMBRES	CONCRETO	ABSTRACTO	INDIVIDUAL	COLECTIVO
Mente		X	X	
Vajilla	X			X
Vaso	X		X	
Ganado	X			X
Álamo	X		X	
Manzano	X		X	
Naranja	X		X	
Limpieza		X	X	
Campo	X		X	
Fiesta		X	X	

RESPUESTA 9:

1. Olivar. 2. Jauría. 3. Orquesta. 4. Flota. 5. Naranjal. 6. Ejército. 7. Equipo. 8. Escudería. 9. Maizal. 10. Arrozal.

RESPUESTA 10:

1. Narices. 2. ojito (ojo). 3. uñas. 4 pie. 5. cara. 6. pies. 7. dedos. Frente. 8. ombligo. 9. manos. 10. boca.

UNIDAD 3

EL ADJETIVO

RESPUESTA 1:

1. Tercera, primer. 2. ciento. 3. santo. 4. mal. 5. buenos. 6. recién. 7. mala. 8. santo. 9. bueno. 10. San.

RESPUESTA 2:

1. El Madrid no es un equipo tan competitivo como el Barça/ El Barça es más competitivo que el Madrid/ el Madrid no es igual de competitivo que el Barça.
2. Mi mujer es tan alegre como yo/ Soy tan alegre como mi mujer/ Mi mujer es igual de alegre que yo/ yo soy igual de alegre que mi mujer/ mi mujer y yo somos igual de alegres.
3. El continente africano es más rico que el europeo/ el continente europeo es menos rico que el africano/ El continente europeo no es igual de rico que el africano.
4. el avión es un medio de transporte tan seguro como peligroso/ el avión es un medio de transporte igual de seguro que peligroso.
5. La paella está tan buena como la lasaña/ la lasaña está tan buena como la paella/ la paella está igual de buena que la lasaña/ la lasaña está igual de buena que la paella.
6. El país es más frío que sus habitantes/ los habitantes son menos fríos que el país/ los habitantes no son tan fríos como el país/ los habitantes no son igual de fríos que el país.
7. Alfonso y Jerónimo son igual de tímidos/ Alfonso es tan tímido como Jerónimo/ Jerónimo es tan tímido como Alfonso.
8. Esta noticia ha dejado abatidos tanto a mi madre como a mí/ Esta noticia ha dejado igual de abatidos a mi madre y a mí.
9. Alba es más inteligente que Noelia/ Noelia es menos inteligente que Alba/ Noelia no es tan inteligente como Alba/ Noelia no es igual de inteligente que Alba.
10. El Presidente tiene más dinero que el pueblo/ el pueblo tiene menos dinero que el presidente. El pueblo no tiene tanto dinero como el Presidente.

RESPUESTA 3:

1. gallega. 2. asturiana. 3. manchego. 4. marbellí. 5. aragonesa. 6. vallisoletana. 7. ovetense. 8. ibicencos. 9. cántabra. 10. cordobés.

RESPUESTA 4:

1. muy católico. 2. muy buenos (bonísimos, buenísimos). 3. muy habladora (habladorísima, habladorcísima). 4. muy asombrado (asombradísimo). 5. muy emocionada (emocionadísima). 6. muy anterior. 7. muy fieles (fidelísimos). 8. muy antiguos (antiquísimos). 9. muy amplios (amplísimos). 10. próximo.

RESPUESTA 5:

1. Español. 2. deportivo. 3. lluvioso. 4. encantadora. 5. humano. 6. universitario. 7. celeste. 8. real. 9. fantástico. 10. mortal.

RESPUESTA 6:

1. Tan. 2. mucha. 3. muy mucho (muy poco). 4. tan. 5. tan. 6. Mucho (poco, tanto). 7. tanta. 8. muy poco. 9. poco. 10. mucho.

RESPUESTA 7:

1. No. 2. no. 3. si. 4. si. 5. si. 6. no. 7. si. 8. no. 9. si. 10. si.

RESPUESTA 8:

1. Correcto.
2. Quién pensaba que esta fiesta iba a estar animadísima (tan animada).
3. Este niño es mucho más listo de lo que creía/ este niño es más listo de lo que creía.
4. Guillermo ha alcanzado el nivel supremo de la rebelión.
5. Jorge es peor estudiante que su sobrino.
6. correcto.
7. correcto.
8. Sabe menos que su padre.
9. correcto.
10. correcto.

RESPUESTA 9:

1. Escribir de prisa.
2. Haber ejecutado algo perjudicial o contrario a determinado fin.
3. Hacer cosas indebidas con secreto y con una apariencia de bondad.
4. Reflexionar sobre su conducta para corregirla y ordenarla en lo sucesivo.
5. Ser muy pobre.
6. Ser poco escrupuloso para apropiarse lo ajeno. Ser largo de manos.
7. Amigo que lo es solamente por interés y conveniencia.
8. Persona de cuya santidad no se puede fiar.
9. Adornar exageradamente lo que se hace o dice.
10. Resultarle antipática, molesta o desagradable.

RESPUESTA 10

1J. 2I. 3F. 4B. 5E. 6A. 7H. 8D. 9G. 10C.

UNIDAD 4

LOS PRONOMBRES PERSONALES

RESPUESTA 1:

1. Sí. 2. consigo. 3. contigo. 4. sí. 5. consigo. 6. mí. 7. ti. 8. mí. 9. ti. 10. nosotros.

RESPUESTA 2:

1. Ella. 2. él, (). 3. vosotros, nosotros. 4. ustedes. 5. yo. 6. Él (yo, nosotros). 7. (), yo. 8. yo, tú (usted, ustedes, vosotros). 9. (), tú. 10. Vosotros (), él.

RESPUESTA 3:

1. La. 2. la. 3. los. 4. las. 5. los, los. 6. la. 7. las. 8. lo. 9. lo. 10. la.

RESPUESTA 4:

1. Los. 2. lo. 3. Lo (le). 4. las. 5. Lo (le). 6. lo. 7. le. 8. Lo (le). 9. La. 10. Lo (le).

RESPUESTA 5:

1. Le. 2. lo. 3. correcto. 4. les. 5. correcto, les. 6. correcto, les. 7. le. 8. correcto. 9. correcto. 10. correcto.

RESPUESTA 6:

1. Te lo cojo. 2. ¿me las puedes recoger? 3. ella se lo hizo en verano. 4. ¿cómo se lo puedo reconocer? 5. se las han retirado. 6. se las prometimos. 7. se las entregaremos. 8. ¿me las puedes comprobar? 9. se las daré este año. 10. Ellos te la han hecho.

RESPUESTA 7:

1. Comunícasela. 2. vigílaselo. 3. siguen llamándonos. 4. siguen hablándosela. 5. búsquenselas. 6. proporcionémoselas. 7. démosela. 8. dígansela. 9. comprádmela. 10. fírmasela.

RESPUESTA 8:

1. A mí no me preocupa nada el que sea mejor estudiante que yo.
2. Ahora todo depende de nosotros. Podemos hacer lo que queramos.
3. correcto.
4. ¿Según tú quién es el más guapo del mundo?
5. Nosotros tampoco damos más de nosotros.
6. Tengo buenas noticias para tú y yo.
7. Todos ellos quieren ser famosos.
8. Me voy de aquí porque tú y yo no cabemos en esta sala.
9. Yo que tú me pondría ropa ligera. Hace mucho calor.
10. vosotros sois los invitados de la cadena SER (ustedes son los invitados de la cadena SER).

RESPUESTA 9:

1C. 2J. 3H. 4G. 5A. 6E. 7F. 8B. 9D. 10I.

RESPUESTA 10:

1. Es un mujeriego, pero las mata callando.
2. ¡Qué fuerza tiene el condenado! Le hizo morder el polvo al mismísimo King Kong.
3. Éste nunca dice nada, siempre se arrima al parecer de su amigo.
4. Su mujer es de las que no se casan con nadie.
5. Aquella noche salió pitando como si hubiera visto a un demonio.
6. Nos arrepentimos mucho de lo que le hicimos a ese chico; y eso no nos deja vivir.
7. Venía cantando y sin darse cuenta se compró la puerta.
8. Este mes Miguel no tiene donde caerse muerto. Tendrá que vivir en la calle y pedir alguna limosna.
9. ¿Qué se le puede ofrecer al señor? Aquí tenemos de todo.
10. Contamos con vosotros para la fiesta. Avisadnos si cambiáis de idea.

UNIDAD 5

LOS DEMOSTRATIVOS

RESPUESTA 1:

1. Esas. 2. esta. 3. aquella, esa. 4. aquel. Ese. 5. esto. 6. este. 7. aquella. Esa. 8. aquel, ese. 9. esos. 10. ese.

RESPUESTA 2:

1. Aquél. 2. aquélla. 3. esto. 4. esto. 5. ésta, ésa. 6. ésa, aquélla. 7. aquello. 8. aquello. 9. aquél. 10. éste.

RESPUESTA 3:

1. Esas, ésas. 2. esta. 3. éstos, ésos. 4. éstas, ésas, aquéllas. 5. esa, aquella. 6. estas, ésas. 7. eso, esta. 8. ése, aquélla. 9. esta. 10. Esta.

RESPUESTA 4:

1. Correcto. 2. correcto. 3. correcto, ése, aquél. 4. estos. 5. esta, ésa. 6. esta. 7. ésta. 8. esta. 9. Esos, aquéllos. 10. este, esta.

RESPUESTA 5:

1. ¿Cómo va eso? 2. eso sí que es. 3. esto es. 4. en esto. 5. eso sí. 6. ¡qué vida esta! 7. eso sí. 8. ¿y eso? 9. de eso nada. 10. a eso de.

RESPUESTA 6:

1. Catafórico. 2. catafórico. 3. catafórico. 4. catafórico. 5. catafórico. 6. anafórico. 7. anafórico. 8. anafórico. 9. catafórico. 10. anafórico.

RESPUESTA 7:

1. Ésta fue la primera que me compré.
2. Vi a aquélla en su casa.
3. Ése no me gustó nada.
4. Ésa me ha recordado mis peores temores.
5. Aquélla estaba en la Plaza Zorrilla.
6. Compré ésas con mis ahorros.
7. ¿Quién es ése que va ahí?
8. ¿Cómo conseguiste aquélla?
9. ¿Sabías que ésos eran de tu pueblo?
10. Disfruta de ésas.

RESPUESTA 8:

1. Estas plumas fueron las primeras que me compré.
2. Vi a aquellas chicas en su casa.
3. Esos cuentos no me gustaron nada.
4. Esas personas me han recordado mis peores temores.
5. Aquellas tiendas estaban en la plaza Zorrilla.
6. Compré esas camisas con mis ahorros.
7. ¿Quiénes son esos chulo que van ahí?
8. ¿Cómo conseguiste aquellas casas?
9. ¿Sabías que esos niños eran de tu pueblo?
10. Disfruta de esos ratos.

RESPUESTA 9:

1. Estos, éstos. 2. esos, ésos. 3. este, éste. 4. estas, éstas. 5. aquella, aquélla. 6. esos, ésos. 7. estas, éstas. 8. aquella, aquélla. 9. este, éste. 10. esas, ésas.

RESPUESTA 10:

1. Aquellas. 2. Éstos. 3. Aquello. 4. Ese. 5. Esos. 6. Eso. 7. Aquel. 8. Aquello. 9. Esta. 10. Ésos.

UNIDAD 6

LOS POSESIVOS

RESPUESTA 1:

1. Mi. 2. su. 3. sus. 4. su. 5. vuestra. 6. sus. 7. su. 8. mi. 9. su, su. 10. tus.

RESPUESTA 2:

1. Lo tuyo. 2. los suyos (las suyas). 3. la vuestra. 4. la vuestra (las vuestras). 5. los tuyos. 6. los nuestros. 7. lo mío (la mía). 8. los suyos. 9. los suyos. 10. los míos.

RESPUESTA 3:

1. Mi, la tuya. 2. suya. 3. su, su. 4. tus, los míos. 5. vuestro. 6. su, el vuestro. 7. nuestras. 8. sus, mis. 9. míos, los tuyos. 10. vuestro.

RESPUESTA 4:

1. Su. 2. sus. 3. su. 4. sus. 5. mía. 6. su. 7. vuestro. 8. nuestro. 9. sus. 10. nuestros. 11. míos. 12 vuestro. 13. nuestro. 14. lo nuestro. 15. tuyo.

RESPUESTA 5:

1. A mi lado. 2. correcto. 3. enfrente de ti. 4. Correcto. 5. correcto. 6. detrás de vosotros. 7. Correcto. 8. correcto. 9. cerca de ti. 10. Correcto.

RESPUESTA 6:

1. La niña ha perdido las llaves tuyas. La niña ha perdido las tuyas.
2. El técnico ha arreglado el ordenador suyo. El técnico ha arreglado el suyo.
3. El policía se ha llevado a los padres nuestros. El policía se ha llevado a los nuestros.

4. El profesor ha aplazado el examen vuestro. El profesor ha aplazado el vuestro.
5. La ONU ha sancionado al presidente tuyo. La ONU ha sancionado al tuyo.
6. Aquella fue la salvación nuestra. Aquella fue la nuestra.
7. No me gusta el comportamiento suyo. No me gusta el suyo.
8. Mandadme el expediente suyo. Mandadme el suyo.
9. Creo en las declaraciones suyas. Creo en las suyas.
10. Piensa en los padres suyos. Piensa en los suyos.

RESPUESTA 7:

1. Tu. 2. mi (al). 3. tus (los). 4. los. 5. Tu (la). 6. su (el). 7. el. 8. mi (el). 9. mis (los). 10. tu (el).

RESPUESTA 8:

1. Un, la. 2. los, mis 3. Una (mi). 4. tu. 5. su. 6. El (su). 7. la. 8. su. 9. mi. 10. el, su (un).

RESPUESTA 9:

1. Correcto. 2. a casa. 3. en su casa. 4. a pesar mío (a mi pesar). 5. a pesar de todo. 6. las. 7. correcto. 8. A mí. 9. después de vosotros. 10. lo vuestro.

RESPUESTA 10:

1. Los que forman parte de la familia, partido, etc.
2. Para manifestar indiferencia.
3. Modos de expresarse u obrar que responden al carácter de una persona.
4. Intención o voluntad determinada del sujeto de quien se habla.
5. Desde mi punto de vista.
6. Pospuesta al nombre de una persona, para denotar afecto, impaciencia o enfado.
7. Nunca o en ningún tiempo.
8. Para tachar de injustificada una pretensión de quien carece de méritos para lograrla.
9. Para ponderar la fealdad de alguien.
10. Para dar a entender indiferencia ante una actitud o decisión ajenas.

UNIDAD 7

EL ADVERBIO Y LAS LOCUCIONES ADVERBIALES

RESPUESTA 1:

1F. 2H. 3C. 4I. 5A. 6E. 7J. 8G. 9D. 10B

RESPUESTA 2:

1. lugar. 2. duda. 3. cantidad. 4. negación. 5. modo. 6. modo. 7. negación. 8. cantidad. 9. cantidad. 10. tiempo.

RESPUESTA 3:

1. nada. 2. muy. 3. pronto. 4. pronto. 5. bien. 6. tampoco. 7. también. 8. ayer. 9. casi. 10. demasiado.

RESPUESTA 4:

1. ahí. 2. aquí. 3. aquí. 4. Ahí, allí. 5. allí (ahí), aquí. 6. allí, ahí, aquí. 7. aquí. 8. allí. 9. allí (ahí). 10. allí (ahí).

RESPUESTA 5:

1. muy. 2. muchas. 3. muchas. 4. mucho. 5. muy (también). 6. también (tampoco). 7. muy (tampoco). 8. mucho. 9. muy. 10. mucho.

RESPUESTA 6:

1. también (tampoco). 2. después. 3. casi. 4. apenas. 5. muy. 6. nunca (tampoco). 7. después. 8. casi. 9. apenas. 10. Ya (nunca).

RESPUESTA 7

1. sagazmente. 2. vergonzosamente. 3. anteriormente.
4. libremente. 5. dulcemente. 6. falsamente. 7. pobremente.
8. terriblemente. 9. eficazmente. 10. rápidamente.

RESPUESTA 8:

1. ahora. 2. cierto. 3. muy. 4. quizás. 5. anoche. 6. bien. 7. nada. 8. igual. 9. así. 10. deprisa.

RESPUESTA 9:

1A. 2D. 3I. 4G. 5E. 6B. 7F. 8J. 9H. 10C.

RESPUESTA 10:

1. más. 2. si. 3. tan. 4. nunca. 5. jamás. 6. ahora 7. ahí. 8. antes. 9. cerca. 10. casi. 11. no. 12. acá. 13. allá.

T	N	I	**M**	K	B	A	**S**	**T**	**A**	**N**	T	E	P	**N**	W	L	A	N	S
J	**A**	**M**	**A**	**S**	J	M	**I**	P	C	V	O	M	H	**U**	A	J	G	E	**A**
A	I	P	**S**	V	**A**	K	Q	F	G	**S**	H	B	U	**N**	I	T	U	**C**	N
D	**H**	C	U	E	**H**	V	P	A	**E**	B	I	L	E	**C**	Z	P	**R**	**A**	L
L	E	**O**	M	J	**I**	**A**	U	**T**	D	O	Q	A	N	**A**	D	**E**	H	**S**	B
U	**N**	H	**R**	E	L	**C**	**N**	P	L	I	K	I	F	V	**C**	O	D	**I**	Q
O	P	I	F	**A**	B	**A**	I	K	G	**A**	**L**	**L**	**A**	U	J	N	E	S	K

UNIDAD 8

LOS INTERROGATIVOS

RESPUESTA 1:

1. Cómo (dónde). 2. Cuántos. 3. Cuál. 4. Quiénes. 5. dónde. 6. cuándo. 7. Qué. 8. Cómo (Cuándo, dónde). 9. Cuándo. 10. Dónde.

RESPUESTA 2:

1. ¿Cuántos años tienes? 2. ¿Cómo lo quieres? 3. ¿Cómo se llama tu madre? 4. ¿Cómo vamos? (¿en qué vamos?) 5. ¿Cuáles son? 6. ¿Quiénes son?, (¿Qué hijos son?). 7. ¿Cuánto te ha costado? 8. ¿Cuándo te vas? 9. ¿Quién nos ha llamado? 10. ¿Dónde está? (¿Con quién está ahora?)

RESPUESTA 3:

1. Cuánto. 2. correcto. 3. quién. 4. Cómo. 5. cuál. 6. correcto. 7. cuánto. 8. quiénes. 9. correcto. 10. por qué.

RESPUESTA 4:

1. Para cuándo. 2. cómo. 3. quién. 4. con quién. 5. cuándo. 6. correcto, cuántos, cuándo, quiénes. 7. correcto. 8. cuándo 9. de dónde. 10. correcto, cuándo, por qué, para qué.

RESPUESTA 5:

1. Qué. 2. quién 3. Cuál 4. qué 5. cuál 6. quién. 7. qué 8. cuál 9. Cuál. 10. Qué.

RESPUESTA 6:

1. Qué, cuáles 2. quién, (cómo) 3. cuántas(cuáles), cuántas 4. quién 5. y eso 6. qué 7. quién 8. cuánto, cuándo 9. cuándo 10. Quién.

RESPUESTA 7:

Respuestas posibles:
1. Dónde. 2. qué. 3. quién. 4. cuánta. 5. cuál. 6. quién. 7. qué. 8. cuántos. 9. cuántas. 10. cuál.

RESPUESTA 8:

Respuestas posibles:
1. Quién. 2. qué. 3. cuánto. 4. cuál. 5. cuántos. 6. dónde. 7. cuánto. 8. cuándo. 9. qué. 10. cuántos.

RESPUESTA 9:

1. Cuánto. 2. cuál. 3. dónde. 4. qué. 5. cuánta. 6. por qué. 7. cuándo. 8. cuánto. 9. quién. 10. Cuándo.

RESPUESTA 10:

Preguntas probables:
1. ¿Cómo vas al trabajo cada mañana? (¿Con qué medio de transporte vas al trabajo cada mañana?)
2. ¿Cuántos años tienes?
3. ¿Cuándo te irás?
4. ¿Hasta dónde le perseguirás?
5. ¿qué escuchas por las mañanas?
6. ¿Cuántos hijos tienes?
7. ¿A qué te dedicas?
8. ¿Cuándo te casas?
9. ¿Cuál prefieres?(¿qué casa prefieres?)
10. ¿Por qué llora?

UNIDAD 9

LOS INDEFINIDOS

RESPUESTA 1:

1. Algunos. 2. algo. 3. algún. 4. alguien. 5. alguno. 6. algunas. 7. algún. 8. algo. 9. algún. 10. algo.

RESPUESTA 2:

1. Nadie. 2. ninguna. 3. nadie. 4. ninguna. 5. ninguna. 6. ningún. 7. nada. 8. ningún. 9. ninguna. 10. nada.

RESPUESTA 3:

1. Ninguno. 2. ningún. 3. nada. 4. nada. 5. nadie. 6. nadie. 7. nada. 8. nada. 9. ninguno. 10. nada.

RESPUESTA 4:

1. Algún. 2. ningún, alguna (algún, alguna). 3. alguna. 4. algo. 5. nada. 6. alguna. 7. nadie. 8. nadie. 9. alguno. 10. algún.

RESPUESTA 5:

1. Demasiadas. 2. poco. 3. poco. 4. muchos. 5. demasiada. 6. pocas. 7. Pocas. 8. bastantes. 9. muchos. 10. Mucha.

RESPUESTA 6:

1. Algún, otro. 2. uno, otro. 3. cualquier, otro. 4. cualquier. 5. cada. 6. uno. 7. Cualquiera (uno). 8. uno. 9. otro. 10. cualquier.

RESPUESTA 7:

1. Cualquiera. 2. cualquiera. 3. cualquier. 4. cualesquiera. 5. cualquier. 6. cualquier. 7. cualquier. 8. cualquiera. 9. cualquier. 10. cualquiera.

RESPUESTA 8:

1. Mucho. 2. muchos. 3. muchas. 4. muchas. 5. muchas, mucho. 6. mucho. 7. muchos. 8. muchos, muchos. 9. muchas 10. muchas, mucha.

RESPUESTA 9:

1. Nos es indiferente.
2. Lograr o tener un acierto o un mérito en el asunto de que se trata.
3. Volver a casa a una hora muy avanzada del día o de la noche.
4. Ser la persona más influyente o capaz en un negocio, o de quien principalmente depende su buen éxito.
5. Para expresar la gran diferencia que hay de una cosa a otra.
6. Para denotar igualdad o semejanza moral entre dos personas.
7. Para ponderar la buena salud de una persona.
8. Persona que se adapta tan perfectamente al gusto y carácter de otra, que esta la mira como la mitad de sí misma.
9. Darse a diversiones y placeres.
10. Servir y adular al más poderoso.

RESPUESTA 10:

1B. 2F. 3H. 4G. 5J. 6E. 7I. 8D.9C. 10A.

UNIDAD 10

LOS NUMERALES

RESPUESTA 1:

1. Noventa y ocho. 2. cuatro millones. 3. uno, cinco. 4. dos mil uno. 5. un millón. 6. cuatrocientos cincuenta millones. 7. tres billones. 8. cuarenta * ciento. 9. treinta y uno. 10. seis mil millones.

RESPUESTA 2:

1. **600.001**. 2. **10**. 3. **90**. 4. **4.958.000.362.275**. 5. **5030**. 6. **2014**. 7. **888.000.888.888**. 8. **13**. 9. **27**. 10. **9**.

RESPUESTA 3:

1. Trigésimo. 2. decimoquinta. 3. quincuagésimo noveno. 4. cuarto. 5. duodécimo. 6. décima. 7. tercer. 8. quingentésimo. 9. octogésimo segundo. 10. milésimo.

RESPUESTA 4:

1. Quinto sextos. 2. séptima doceavas. 3. dos tercios. 4. siete por ciento. 5. diez por ciento. 6. una docena. 7. dos milésimas. 8. Cien por cien. 9. tres décimas. 10. milésima.

RESPUESTA 5:

1. Mil cien. 2. doscientas mil, mil doscientos. 3. ciento dos. 4. doscientas. 5. quinientos. 6. Setecientas. 7. trescientas mil una. 8. mil trescientas cincuenta. 9. tres mil cien. 10. dos mil ciento cincuenta.

RESPUESTA 6:

1. Veintiuno. 2. décimo. 3. segunda. 4. Segundo. 5. once. 6 quinto, quince. 7. tercero. 8. sexto. 9. dieciséis. 10. once.

RESPUESTA 7:

1.- Tomar algo con toda voluntad.
2.- No tener nada de dinero.
3.- Estar determinada en hacer algo.
4.- Persona que dice a otra con claridad lo que sabe o siente, tiene muchos enemigos.
5.- Ser muchos, o número considerable de personas.
6.- Con mucho gusto, de muy buena voluntad.
7.- De ningún modo, De ninguna manera.
8.- Sufrir carencia o escasez de dinero.
9.- Mantener a todo trance su opinión.
10.- Tener mala suerte.

RESPUESTA 8:

1. La mitad. 2. un cuarto. 3. un kilómetro. 4. veinte y cuarto.
5. la totalidad. 6. dos tercios. 7. por duplicado. 8. la mitad.
9. medio kilómetro. 10. es medianoche.

RESPUESTA 9:

1. Sendas. 2. ambas. 3. sendas. 4. sendos. 5. ambos, sendos. 6. ambas, sendos. 7. sendas. 8. ambas. 9. sendos. 10. ambas.

RESPUESTA 10:

1I, 2A, 3B, 4F, 5H, 6C, 7O, 8K, 9N, 10L

UNIDADES 11
LAS PREPOSICIONES

RESPUESTA 1:

1. De. 2. de. 3. en. 4. de. 5. a. 6. a. 7. a. 8. de. 9. en. 10. de.

RESPUESTA 2:

1. En (de). 2. en. 3. de, en. 4. de. 5. de. 6. en. 7. a. 8. de. 9. de. 10. por.

RESPUESTA 3:

1. En, de. 2. de. 3. en. 4. de. 5. de, de. 6. de, en. 7. de. 8. de. 9. a, de. 10. de, con.

RESPUESTA 4:

1. Hasta. 2. junto a. 3. a. 4. correcto. 5. a. 6. en. 7. al. 8. con. 9. correcto. 10. de.

RESPUESTA 5:

1. Tras. 2. bajo. 3. en lugar de. 4. delante de. 5. debajo de. 6. en vez de. 7. en contra de. 8. junto a. 9. junto con. 10. en medio de.

RESPUESTA 6:

1. De. 2. en. 3. en. 4. de. 5. de. 6. en. 7. en. 8. de. 9. en. 10. por.

RESPUESTA 7:

1. De. 2. de. 3. a. 4. en. 5. por. 6. a. 7. a. 8. a. 9. a. 10. de.

RESPUESTA 8:

1G. 2D. 3H. 4J. 5E. 6C. 7A. 8F. 9I. 10B

RESPUESTA 9:

1. Correcto. 2. correcto. 3. correcto. 4. correcto. 5. correcto. 6. a. 7. a. 8. correcto. 9. en. 10. a.

RESPUESTA 10:

1. a. 2. (). 3. en. 4. de. 5. de. 6. de. 7. de. 8. En. 9. correcto. 10. correcto.

UNIDAD 12

LAS CONJUNCIONES

RESPUESTA 1:

1. Tan. 2. como. 3. más. 4. mejor (peor, más, menos). 5. mejor (peor). 6. tanto. 7. cuanto. 8. menos (más, mejor, peor, igual que). 9. que. 10. tan.

RESPUESTA 2:

1. Se fuera (se fuese). 2. te pruebas. 3. vivir. 4. cobrar. 5. me pidas. 6. somos. 7. salir. 8. llegar. 9. puedas. 10. Llegaran (llegasen).

RESPUESTA 3:

1. Tuviéramos (tuviésemos). 2. estén. 3. digan. 4. me va (me vaya). 5. comemos. 6. parezca. 7. me lo pidieran (me lo pidiesen). 8. llore. 9. somos. 10. es.

RESPUESTA 4:

1. Sea. 2. es. 3. tenga. 4. digas. 5. me den. 6. estar. 7. estoy. 8. seas. 9. te plazca. 10. juega.

RESPUETA 5 :

1. Me caigo. 2. fue. 3. eres. 4. habrías notado. 5. te tema. 6. insistes. 7. has hecho. 8. participa. 9. habéis hecho. 10. me encuentro.

RESPUESTA 6:

1. Me guste. 2. se rompió. 3. diga. 4. creer. 5. devolverme. 6. Le lleve. 7. llamaba. 8. toma. 9. vuelvas. 10. debe.

RESPUESTA 7:

1. Quieras. 2. te convenga. 3. os guste. 4. siente. 5. come. 6. Tuviera (tuviese). 7. Buscara (buscase). 8. le gusta. 9. Quisiera (quisiese). 10. ha podido.

RESPUESTA 8:

1. Pasar. 2. dejar. 3. le llevaban. 4. nació. 5. podía. 6. se quedó. 7. pueda. 8. coger. 9. hay. 10. pueda.

RESPUESTA 9:

1. Decirle. 2. digan. 3. comunicarle. 4. comer. 5. te dieras (te dieses). 6. Viera (viese). 7. molestar. 8. mantenerme. 9. engordar. 10. hacerse.

RESPUESTA 10:

1. Tenga. 2. Fuera (fuese). 3. me entere. 4. proponga. 5. digas. 6. hables. 7. quieras. 8. Se porta. 9. me traigas. 10. pagues.

UNIDAD 13

INDICATIVO PRESENTE

RESPUESTA 1:

1. Abren. 2. vive. 3. besa. 4. bebo. 5. comunica. 6. escribe. 7. leen. 8. come. 9. come. 10. habla.

RESPUESTA 2:

1. Pierde. 2. suelo. 3. confiesa. 4. confieso. 5. merezco. 6. cuenta. 7. comprueba. 8. convencen. 9. duerme. 10. espera.

RESPUESTA 3:

1. Me huelen. 2. le huele. 3. nos molestan. 4. me complacen. 5. me sienta. 6. nos suelen. 7. nos gusta. 8. les gustan. 9. me esperan. 10. hacen.

RESPUESTA 4:

1. Tengo. 2. quepo. 3. conozco. 4. pienso. 5. compruebo. 6. traduzco. 7. obedezco. 8. huye. 9. compadezco. 10. cuezo.

RESPUESTA 5:

1. Le duele. 2. le tiemblan. 3. ofrezco. 4. concuerdan. 5. consuela. 6. duerme. 7. miente. 8. niega. 9. nos cuenta. 10. me merezco.

RESPUESTA 6:

1. Se cuenta. 2. dice. 3. sirven. 4. nos conmueve. 5. tienden. 6. traigo. 7. vengo. 8. se defiende. 9. contraigo. 10. se sirve.

RESPUESTA 7:

1. Carezco. 2. obtengo. 3. me satisfago. 4. me contengo. 5. permite. 6. crezco. 7. me parezco. 8. adquiero. 9. Maldigo. 10. Se muere.

RESPUESTA 8:

1. Actúa. 2. invierte. 3. envían. 4. se encuentra. 5. mide. 6. sustituye. 7. le mueve. 8. conduzco. 9. está. 10. soy.

RESPUESTA 9:

1. Consiguen. 2. representa. 3. finge. 4. actúa. 5. importa. 6. se refiere. 7. sirve de. 8. se vuelve. 9. Apártate. 10. Domina.

RESPUESTA 10:

1. Pie. 2. bigotes. 3. mano. 4. estómago. 5. ojo. 6. narices. 7. boca. 8. oreja. 9. mano. 10. dedo.

UNIDAD 14

INDICATIVO: TIEMPOS DEL PASADO

RESPUESTA 1:

1. Marcaron. 2. viviste, quisiste. 3. amé, llegué. 4. Sacasteis, disparasteis. 5. charlamos. 6. sospeché, subí. 7. Cantó, supo. 8. cargaste. 9. tardó. 10. saqué.

RESPUESTA 2:

1. Construyó. 2. pedisteis. 3. creció. 4. conoció. 5. mordió. 6. mintieron. 7. oí. 8. dijeron. 9. entendimos. 10. leí.

RESPUESTA 3:

1. Se ha comprometido. 2. se ha ido. 3. me ha pedido. 4. hemos visitado. 5. se ha cosido. 6. le han informado. 7. se ha roto. 8. nos ha sobrado. 9. me han cobrado. 10. se ha sabido.

RESPUESTA 4:

1. Me han dicho. 2. se ha enfadado, se ha enterado.
3. se han comprometido. 4. me han pagado. 5. le he oído.
6. se han enterado, ha perdido. 7. he hecho. 8. me han faltado.
9. ha decidido. 10. han querido.

RESPUESTA 5:

1. Vivíamos. 2. tenía. 3. era, me decía, tenía. 4. decía, era. 5. era. 6. jugaba, residía. 7. venía, sabía. 8. quería, me gustaría. 9. quería. 10. se llamaba.

RESPUESTA 6:

1. Se había peinado, llegó.
2. afirmaron, habías pagado.
3. redacté, había visto (vi).
4. dijimos, habían sido.
5. pensé, habías venido.
6. creyeron, te habías marchado.
7. me di, había desaparecido.
8. dijeron, habías estado (estuviste).
9. comentaron, había firmado.
10. dijeron, habían sido.

RESPUESTA 7:

1. Comprendí, nos jugábamos.
2. Entendieron (entendían), había.
3. decían (dijeron), había.
4. esperábamos (esperamos), cambiaba (cambió).
5. Me decía, tenía, había prestado.
6. se enfadaba, mencionábamos.
7. me fui (me iba), aguantaba.
8. pensaba, me dijo (me había dicho), te ibas (te habías ido).
9. ha dimitido, ha querido.
10. me prometí (me he prometido).

RESPUESTA 8:

1. Conocía, insultaba.
2. era, se ha ido.
3. ha sido, se ha comido.
4. ha dejado, aguantaba.
5. Sabíamos, era.
6. se ha comunicado (se comunicaba).
7. han ingresado, sabía, sufría.
8. me he enterado, he hablado.
9. pensábamos, se ha dado.
10. se ha casado.

RESPUESTA 9:

1. Me he comprado. 2. he querido (quise). 3. se ha ido. 4. he conocido. 5. estuvieron. 6. vi, creí. 7. supo, echaron. 8. vino. 9. ha decidido. 10. regresaron.

RESPUESTA 10:

En 1990 mi madre **acababa** de casarse con un multimillonario escocés. **Se llamaba** Earl y **era** Presidente de una empresa de construcción. Al principio todo **iba** bien. **Formábamos** una familia. **Salíamos** todos de viaje. **Visitábamos** los grandes museos de Europa. Él y yo, **éramos** amigos y **nos hacíamos** confidencias. Hasta que en verano del mismo año **llegó** su hija de los EE.UU. Merkel **se llamaba. Era** la típica hija de papá que no **sabía** ni freír un huevo. No **hacía** nada en casa pero siempre **encontraba** algo de que quejarse. Un día, estando yo en el baño la **oí** hablando con su padre. Ella **acusaba** a mi madre y a mí de querer a su padre por su dinero. **Sentí** tanto dolor que **fui** a contarlo todo a mi madre. Ella **se quedó** como una estatua sin saber qué decir. Un rato después, juntas, **decidimos** hablar con los dos. Aquello no **fue** del gusto de Merkel que enseguida **entró** en su habitación y **salió** con su maleta. Ella **se plantó** delante de su padre y le **dijo** que si no **separaba** de mi madre, ella **se iba** para siempre. Earl que **sabía** lo caprichosa que **era** su hija, la **cogió** y la **llevó** a su cuarto. Mi madre y yo **hicimos (hacíamos)** lo mismo: **entramos (entrábamos)** en la habitación de mi madre esperando alguna decisión del padre de familia. Al rato, Earl **vino** y nos **dijo** que **iba** a hacer lo que le **pedía** su hija. Mi madre **le dijo** que lo **entendía** y que **esperaba** los papeles del divorcio para firmarlos. Nosotras **salimos** de la casa y **nos fuimos** a un hotel. Así **fue** cómo **se terminó** la historia de mi madre con el escocés.

UNIDAD 15

INDICATIVO: LOS TIEMPOS DEL FUTURO Y EL CONDICIONAL

RESPUESTA 1:

1. Te tendré. 2. tendrás. 3. comprobaréis. 4. consentiremos. 5. verás. 6. te demandaré. 7. nos tendremos. 8. me conformaré. 9. tendrás. 10. Me pedirá.

RESPUESTA 2:

1. Se habrán enterado. 2. Le habrá dicho. 3. te habrás dado. 4. habré pasado. 5. habréis hecho. 6. habrás oído. 7. Te habrán aconsejado. 8. me habré repetido. 9. se habrán dado. 10. se habrá pasado.

RESPUESTA 3:

1. Habréis acabado. 2. Podréis. 3. habrá acabado. 4. le habremos hecho. 5. me iré. 6. me habré ido. 7. darán. 8. se habrá inventado. 9. le diré. 10. Os avisaré.

RESPUESTA 4:

1. Le abriría. 2. alcanzaríamos. 3. me buscaría. 4. me tomaría. 5. me iría. 6. diría. 7. cabría. 8. me solucionarían. 9. querría. 10. podrían.

RESPUESTA 5:

1. Nos habríamos forrado. 2. me habría gustado. 3. me habría gustado. 4. me habría generado. 5. me habría gustado. 6. le habría encantado. 7. habría apostado. 8. Me habría supuesto. 9. Me habría gustado. 10. Te habría gustado.

RESPUESTA 6:

1. Me habría cabreado. 2. Me habría timado. 3. me habría comprado. 4. Me timaría. 5. se moriría. 6. me haría (me habría hecho). 7. Sería (habría sido). 8. habríamos podido. 9. Te habría prestado (te prestaría). 10. tendrían.

RESPUESTA 7:

1. Habría. 2. deberíamos. 3. evitarían. 4. volveré. 5. Me sabría (sabrá), podría (podré). 6. te irías (te irás). 7. Te habrá dicho. 8. debería. 9. habrá olvidado. 10. estará.

RESPUESTA 8:

1. Habrá. 2. Les habrá pasado. 3. habrán conseguido. 4. habrían comentado (comentarían), habrían llamado (llamarían). 5. será, llegarán, verás. 6. habrá, supondría. 7. harán. 8. Te habrían llamado. 9. diría. 10. Le habría regalado.

RESPUESTA 9:

1. Aprenderemos. 2. habrá acabado. 3. habríamos venido. 4. estaríais. 5. Me querrá. 6. valdrías (habrías valido), sacarías (habrías sacado). 7. sería. 8. me buscaría. 9. Le importaría (le habría importado). 10. Podrías (habrías podido).

RESPUESTA 10:

Respuestas posibles:
1. Imparto. 2. unta. 3. ha comunicado. 4. causa. 5. ha echado a perder. 6. presagio. 7. marca. 8. he encontrado a. 9. Ha chocado con. 10. perseguía.

UNIDAD 16

SER Y ESTAR

RESPUESTA 1:

1. Ser, es. 2. seas, estoy (estaré). 3. estar, está. 4. estaré. 5. sido, estado. 6. está. 7. Está (estará), es. 8. es, seremos (somos). 9. será, estará (está). 10. estoy.

RESPUESTA 2:

1. Está, estás, estás. 2. somos, es. 3. están, está. 4. es, son. 5. es. 6. estamos. 7. ser. 8. será (es), era(es). 9. es, soy. 10. estamos.

RESPUESTA 3:

1. Está. 2. es. 3. es. 4. es, están. 5. seas. 6. estoy, estoy. 7. es. 8. sea. 9. estuviera. 10. está.

RESPUESTA 4:

1. Es, es. 2. estamos, es. 3. está, es. 4. estoy. 5. es. 6. estará. 7. estaré. 8. sea. 9. ser. 10. está.

RESPUESTA 5:

1. Es, está. 2. es, es. 3. estoy, es. 4. será. 5. está(es), está(es). 6. está. 7. están, están. 8. son, son. 9. es. 10. está.

RESPUESTA 6:

1. Estoy. 2. está. 3. está. 4. es. 5. estar. 6. está. 7. ser. 8. era. 9. eres. 10. es.

RESPUESTA 7:

1. Chiflado, loco. 2. fastidiado. 3. incómodo. 4. bueno. 5. alegre, gracioso. 6. vivo, comprensivo. 7. viejo, antiguo. 8. harto. 9. caritativo, limosnero. 10. despreciable.

RESPUESTA 8:

1. Mi padre ha sido nombrado ministro...¡Eso es la hostia!
2. Con mis suegros mi hija está en buenas manos , porque la cuidarán bien.
3. "Mami wata" es la musa de muchos escritores africanos.
4. Nacho acaba de terminar la carrera; está con la leche en los labios. Así que necesita más tiempo para trabajar solo.
5. ¿Qué hace éste? Está como una cabra; conduce en dirección contraria.
6. Ir en bicicleta es pan comido para mí, yo ya sé ir en moto.
7. Te puedes venir a vivir conmigo; estoy sin padre ni madre, ni perro que me ladre.
8. La policía le ha pillado traficando con droga; y ahora está en casa de tía.
9. Hoy he trabajado duro, necesito estar en cama sino me tendrán que llevar a urgencias.
10. Ya me puedo comprar el coche que me gusta porque ahora estoy en dinero.

RESPUESTA 9:

1I. 2E. 3A. 4F. 5J. 6G. 7D. 8H. 9B. 10C.

RESPUESTA 10:

1A. 2F. 3J. 4D. 5H. 6B. 7G. 8E. I. 10C.

UNIDAD 17

EL IMPRERATIVO

RESPUESTA 1:

1. Mime. 2. escribid. 3. convivan. 4. grita. 5. controlad. 6. tome. 7. toca. 8. presenten. 9. cortemos. 10. canta.

RESPUESTA 2:

1. Morded. 2. ven. 3. cuenten. 4. di. 5. aprobad. 6. mida. 7, sé. 8. pudra. 9. merezcan. 10. crezca.

RESPUESTA 3:

1. Escribidle. 2. Mímame. 3. encárguense. 4. olvidaos. 5. entrégame. 6. acérquense. 7. comprométete. 8. divertíos. 9. cúbrete. 10. busquémonos.

RESPUESTA 4:

1. Hazme. 2. teneos. 3. satisfágannos. 4. moveos. 5. fírmeme. 6. sentémonos. 7. siéntense. 8. reconocednos. 9. ponte. 10. traedles.

RESPUESTA 5:

1. Mime. 2. escribáis. 3. convivan. 4. grites. 5. controléis. 6. tome. 7. toques. 8. presenten. 9. cortemos. 10. cantes.

RESPUESTA 6:

1. Mordáis. 2. vengas. 3. cuenten. 4. digas. 5. aprobéis. 6. mida. 7. seas. 8. pudra. 9. merezcan. 10. crezca.

RESPUESTA 7:

1. Le escribáis. 2. me mimes. 3. se encarguen. 4. os olvidéis. 5. me entregues. 6. se acerquen. 7. te comprometas. 8. os divirtáis. 9. te cubras. 10. nos busquemos.

RESPUESTA 8:

1. Me hagas. 2. os tengáis. 3. nos satisfagan. 4. os mováis. 5. me firme. 6. nos sentemos. 7. se sientan. 8. nos reconozcáis. 9. te pongas. 10. les traigáis.

RESPUESTA 9:

1. Creámosela. 2. súbetela. 3. Regalémoselo. 4. digámoselo. 5. tráiganselo. 6. cuéntamela. 7. dénmelas. 8. pagádselos. 9. quítatelo. 10. cómanmelo.

RESPUESTA 10:

1. Digámosela. 2. atiéndame. 3. séquenselos. 4. vete. 5. póntelos. 6. házselo. 7. estate preparado. 8. sal. 9. páguenmela. 10. míralo.

UNIDAD 18

ESTILO INDIRECTO

RESPUESTA 1:

1. El Papa dijo que quería que hubiera una paz duradera.
2. Dijo que llegaría el domingo por la tarde.
3. Confirmó que se iba de vacaciones al día siguiente.
4. Le dijeron que era un ladrón.
5. Me dijo que no le comprara nada.
6. Me mandó que me sentara allí.
7. Me dijo que le llamara a las diez.
8. Hizo saber que le daba igual todo lo que comentaban.
9. Me aconsejo que lo consultara todo con mis padres.
10. Me comentó que se había ido sin decir nada.

RESPUESTA 2:

1. El conserje decía que saliéramos (saliésemos).
2. El mendigo ha pedido que le diéramos (diésemos) algo.
3. Nos ruega que le tengamos piedad.
4. Me había gritado que me pusiera (pusiese) en la cola.
5. Me dijo que me fuera (fuese) a casa.
6. Os aconsejaré que comáis sano.
7. Suplicaban que fuéramos (fuésemos) buenos.
8. Le han dicho que comprara (comprase) comida.
9. Había leído que respetara (respetase) a sus padres.
10. Le diré que confirme su participación.

RESPUESTA 3:

1. Me confirmó que no me preocupara (preocupase) por las maletas, y que las tendría al día siguiente.
2. Me preguntó cuántos años tenía.
3. Le dije que tendría 34 en noviembre.

4. Quiso saber si me había costado mucho llegar hasta allí.
5. Me dijo que si no estaba a gusto allí cambiábamos de sitio.
6. Lanzó que el día siguiente sería otro día.
7. Dijo que le preocupaba el medio ambiente.
8. Le gritaron a Etoó que saludara (saludase) al campeón.
9. Dijo que se había movido mucho, pero que siempre había sido por intereses.
10. Me dijo que era su primer bocata del día y que no me lo podía dejar.

RESPUESTA 4:

1. Me confirma que no me preocupe por las maletas, y que las tendré al día siguiente.
2. Me pregunta cuántos años tengo.
3. Le digo que tendré 34 años en noviembre.
4. Quiere saber si me ha costado llegar hasta allí.
5. Me dice que si no estoy a gusto allí cambiamos de sitio.
6. Lanza que el día siguiente será otro día.
7. Dice que le preocupa el medio ambiente.
8. Le gritan a Etoó que salude al campeón.
9. Dice que se ha movido mucho, pero siempre ha sido por intereses.
10. Me dice que es su primer bocata del día y que no me lo puede dejar.

RESPUESTA 5:

1. Me preguntaba si sería el nuevo jefe de estudios.
2. Me pedía que no fuera (fuese) malo.
3. Me repetía que sí me quedaba con él me compraría un regalo.
4. Le decía que le dejara (dejase) en paz, porque no le interesaba.
5. Decía a su marido que se fuera (fuese) a casa porque allí no pintaba nada.
6. Le oíamos decir que le sacáramos de allí porque se ahogaba.
7. Decía que le mirara (mirase) a la cara y que le dijera (dijese) lo que pensaba.
8. Nos decía que se quedaba a cenar con un amigo.
9. Comentaba que no estaba contento con nosotros.
10. Se quejaba su madre de que se había casado sin avisarla.

RESPUESTA 6:

1. Me ha preguntado si sería el nuevo jefe de estudios.
2. Me ha pedido que no fuera (fuese) malo.
3. Me ha repetido que si me quedaba con él me compraría un regalo.
4. Le ha dicho que le dejara (dejase) en paz, porque no le interesaba.
5. Le ha dicho a su marido que se fuera (fuese) a casa, porque allí no pintaba nada.
6. Se le han oído decir que le sacaran (sacasen) de allí, porque se ahogaba.
7. Me ha dicho que le mirara (mirase) a la cara y le dijera (dijese) lo que pensaba.
8. Nos ha dicho que se quedaba a cenar con un amigo.
9. Ha comentado que no estaba contento con nosotros.
10. Se ha quejado su madre de que se había casado sin avisarla.

RESPUESTA 7:

1. Dijo que me comprara (comprase) una casa.
2. Dijo que me subiera (subiese) al tren de la modernidad.
3. Dijo que no enseñara (enseñase) nada a su madre.
4. Dijo que se habría ido a Paris sin pensárselo.
5. Dijo que si se iba, que no volviera más.
6. Dijo que se sentiría mejor con un beso mío.
7. Dijo que Mercedes se habría enfadado con algo que le haya dicho.
8. Dijo que le vendría bien un momento de tranquilidad.
9. Dijo que me lo contaría todo al día siguiente.
10. Dijo que estarían en Viena en verano.

RESPUESTA 8:

1. Me dijo que no saliéramos (saliésemos) del país.
2. Me dijo que no nos sometiéramos (sometiéramos) a la cirugía estética.
3. Me dijo que no tuviéramos (tuviésemos) miedo.
4. Me dijo que no diera (diese) más dinero.
5. Me dijo que no fuera (fuese) malo.
6. Me dijo que no me pusiera (pusiese) triste.
7. Me dijo que no me comprara (comprase) más cosas.
8. Me dijo que no pensaba ir a la piscina.
9. Me dijo que no me fuera (fuese) si no quería.
10. Me dijo que no se lo dijera (dijese) si no tenía agallas.

RESPUESTA 9:

1. Te dirá la mujer que no se irá de allí sin haber hablado con él.
2. Le aconsejó el mediador que era un error cortar las relaciones con su país.
3. Dijo mi hermana que nos fuéramos (fuésemos) a casa porque ya era de noche.
4. Me preguntó si era poeta.
5. Me pidió si podría llamarle un taxi.
6. Nos preguntó si sabríamos decirle dónde estaba la estación de trenes.
7. Me preguntó si había visto a Julia.
8. Me preguntó cuándo había sido la última vez que me había duchado.
9. Dijo el Presidente que no entendía el alboroto que se había montado.
10. Aseguró el marido que no la aguantaría nunca.

RESPUESTA 10:

Aconsejó que en una cazuela se pusiera (pusiese) un poco de aceite y manteca; que se estofara (estofase) la cebolla con la carne y el ajo; y que cuando empezara (empezase) a dorar, se echara (echase) el vino, un poco de agua y una hoja de laurel; y que se dejara (dejase) cocer a fuego lento; y que a mitad de cocción se le incorporara (incorporase) el jamón y las habas; y que se dejara (dejase) hervir hasta que la carne estuviera (estuviese) tierna.

UNIDAD 19

PERIFRASIS VERBALES

RESPUESTA 1:

1. Debes. 2. debe de. 3. debo. 4. debes. 5. debe de. 6. debe de. 7. debo. 8. debe de. 9. debe de. 10. debe de.

RESPUESTA 2:

1. Hay que. 2. hay que. 3. hay que. 4. hay que. 5. debe de. 6. hay que. 7. debe de. 8. tiene que. 9. tienes que. 10. debo de.

RESPUESTA 3:

1. Viene a costar. 2. voy haciéndome (me voy haciendo). 3. va a haber. 4. va a ser. 5. voy a acostar. 6. va diciendo. 7. va a costar. 8. iré diciendo. 9. viene a significar. 10. vino a decir.

RESPUESTA 4:

1. Sigue. 2. estará. 3. está. 4. sigue. 5. Andamos (estamos). 6. estás. 7. seguir. 8. va. 9. está. 10. seguiré.

RESPUESTA 5:

1. Quiere (puede). 2. Vuelvo. 3. queremos (podemos). 4. puede. 5. me pongo. 6. deja. 7. puede. 8. puede. 9. quieren (pueden). 10. se pone.

RESPUESTA 6:

1. Están por (están a punto de).
2. Está por.
3. está al (está a punto de, está por).
4. estoy para.
5. estoy por (estoy para, estoy a punto de).

6. está para (está por).
7. estoy por (estoy a punto de, estoy para).
8. está por (está a punto de).
9. está para.
10. está para.

RESPUESTA 7:

1. Deja (queda, tiene). 2. llevo. 3. quedado. 4. tiene. 5. tengo. 6. Queda (lleva). 7. tengo. 8. tienen. 9. lleva (deja). 10. dejar.

RESPUESTA 8:

1B; 2A, B; 3C; 4A (B, C); 5A (C); 6A (C); 7A(B); 8A (C); 9A (B, C); 10B.

RESPUESTA 9:

1. Podrás negociar.
2. tiene que seguir creciendo.
3. llegarás a ser.
4. deja preparadas.
5. conseguir ser.
6. se puso a estudiar, podía suspender.
7. empezó a decir.
8. tuvo que sufrir.
9. tengo dicho.
10. tiene que ser.

RESPUESTA 10:

1. Queda dicho.
2. correcto.
3. te vuelvo a repetir.
4. correcto.
5. sigue creyendo.
6. tengo que reconocer.
7. correcto.
8. intentas decirme.
9. correcto.
10. tengo que hacer.

UNIDAD 20

EL SUBJUNTIVO

RESPUESTA 1:

1. Juguéis. 2. traigas. 3. muerdan. 4. perdone. 5. satisfaga. 6. midáis. 7. suplique. 8. reúnan. 9. diga. 10. sea.

RESPUESTA 2:

1. Te veo. 2. defienda. 3. sea. 4. nos quedemos. 5. digan. 6. salgan. 7. te enfades. 8. saben. 9. fuera. 10. ponga.

RESPUESTA 3:

1. Traiga, duermo. 2. está. 3. esté. 4. te vaya (te haya ido). 5. le soplen. 6. nos dicen. 7. tienen. 8. hayan hecho. 9. puedas. 10. respire.

RESPUESTA 4:

1. Le haga. 2. la vea. 3. esté. 4. te pierdas. 5. tengas. 6. sepan, avísenme. 7. me ofrezcan. 8. vivía. 9. te vea. 10. me digan.

RESPUESTA 5:

1. Tenga. 2. Tocara (tocase, hubiera tocado). 3. Hiciera (hiciese). 4. Dijeras (dijeses). 5. te reserve. 6. Supiera (supiese). 7. hagamos. 8. fume. 9. supo. 10. podamos.

RESPUESTA 6:

1. Me pagues. 2. me pagas. 3. suelte. 4. cruce. 5. cruzaron. 6. Llueva (lloviera, lloviese). 7. Hiciera (hiciese). 8. Tuviera (tuviese). 9. sepas. 10. tengo.

RESPUESTA 7:

1. Hablara (hablase). 2. consumiera (consumiese). 3. haya sobrevivido (sobreviva). 4. amarga. 5. me fuera (me fuese). 6. sabemos. 7. eres. 8. conocéis. 9. somos. 10. se quede.

RESPUESTA 8:

1. Sabes. 2. es. 3. Es, se hable. 4. me como. 5. comenten. 6. vale, esté. 7. leemos. 8. te imaginas. 9. has estado. 10. te moleste (te haya molestado).

RESPUESTA 9:

1. Hayamos pasado (pasaramos, pasemos). 2. Dijera (dijese). 3. Fuérais (fuéseis). 4. Supiera (supiese). 5. me cuentes. 6. me escuche. 7. Tuviera (tuviese). 8. te vaya. 9. comas. 10. Dejara (dejase).

RESPUESTA 10:

1. Quieres. 2. se esfuerce. 3. se esfuerza. 4. consuma. 5. consume. 6. tenga. 7. tuve. 8. te haya ocurrido (te ocurra). 9. te ocurrirá. 10. quieras.

UNIDAD 21

SUBORDINADA SUSTANTIVA

RESPUESTA 1:

1. Que te ocurriera (te ocurriese, te haya ocurrido).
2. Conseguir (que consiga). 3. que hablemos. 4. que hayas leído (leas).
5. que no queramos. 6. Comprar (que compre). 7. que vengas.
8. que vayan. 9. tenerle. 10. que salga.

RESPUESTA 2:

1. Que vengáis. 2. que viva.
3. que no se entere (que no se haya enterado). 4. ayudaros. 5. regalarle.
6. que cuidemos. 7. que vengáis. 8. que no pongas. 9. sacarse.
10. que no fuera.

RESPUESTA 3:

1. Estuviéramos (estuviésemos). 2. se mató. 3. se entenderán. 4. sea.
5. era. 6. vendréis (venís). 7. Sea (haya sido). 8. es (era).
9. Pudiera (pudiese). 10. acusen.

RESPUESTA 4:

1. Es (ha sido). 2. eran. 3. se salvaría. 4. haría (había hecho). 5. juzguen.
6. será. 7. sirvan. 8. se casará. 9. va. 10. es.

RESPUESTA 5:

1. Convocaría. 2. se retractará. 3. era (había sido). 4. sepa.
5. se comporte. 6. asistirá. 7. somos. 8. estaba. 9. tenga. 10. haga.

RESPUESTA 6:

1. Es. 2. pueda. 3. comerá (come). 4. se lleven. 5. sonreía. 6. será.
7. llamaba. 8. tengas. 9. comuniques. 10. diga.

RESPUESTA 7:

1. No me importa que me digan cosas bonitas.
2. No es verdad que sea mi mujer.
3. No parece que esté malita.
4. No es evidente que lo haya hecho el jefe mismo.
5. No me doy cuenta de que hayas progresado.
6. No recuerdo que vinieras (vinieses) todas las mañanas a visitar a mi familia.
7. No oímos que dijera (dijese) palabrotas desde su ventana.
8. No sospechamos que pudiera (pudiese) ser culpable.
9. No te he dicho que salieras (salieses) de aquí.
10. No me dijo que comiera (comiese) a las seis.

RESPUESTA 8:

1. No recuerdo que fuera (fuese) el más católico de todos.
2. No pienso que sea buena su contratación.
3. No me dijo que conociera (conociese) a tus padres.
4. No creemos que podamos hacer el trabajo.
5. No se dio cuenta de que condujera (condujese) borracho.
6. No me dijo que quisiera (quisiese) hablar conmigo.
7. No está claro que seamos buenos amigos.
8. No estoy convencido de que tengamos suerte.
9. No vi que Juan subiera (subiese) las escaleras.
10. No me recordó que fuera (fuese) hombre muy influyente.

RESPUESTA 9:

1. No siento que vaya a ser un día inolvidable.
2. No tiene la certeza de que haya hecho lo correcto.
3. No confirmo que vaya a estar con nosotros esta tarde.
4. No creo que se lea todo el Quijote.
5. No entiende que seamos propietarios de esta empresa.
6. No te aseguro que me haya llamado esta mañana.
7. No pudimos comprobar que hubiera (hubiese) leído la tesis.
8. No quiero asegurarme de que todo esté en su sitio.
9. No tienen la impresión de que ocurra mañana.
10. No estamos seguros de que te hagamos feliz.

RESPUESTA 10:

1. No veo que pasen un día sin hablar de política.
2. No nos confirmaron que se matara (matase) en un accidente de tráfico.
3. No confiamos en que se entiendan algún día.
4. No creo que sea el culpable de estos hechos.
5. No supieron que fuera (fuese) cura en la misma iglesia.
6. No cuento con que vengáis a mi fiesta.
7. No menciono que eso haya sido de su agrado.
8. No se ha dado cuenta de que sea infalible.
9. No sospecho que pueda ser mi hermano.
10. No comprobamos que el pueblo sea ambicioso.

UNIDAD 22

SUBORDINADA ADJETIVA O DE RELATIVO

RESPUESTA 1:

1. Que. 2. a quienes (los que). 3. que. 4. cuando.
5. quien (el que, la que). 6. los cuales. 7. que. 8. que. 9. quien (la que).
10. que.

RESPUESTA 2:

1. Lo que. 2. como (cuando). 3. cuanto (lo que). 4. cuya.
5. quien (el que, la que). 6. donde (en la que). 7. lo cual (lo que).
8. a donde. 9. cuando. 10. cuantas (las que).

RESPUESTA 3:

1. Quien (el que). 2. el que (que, donde). 3. quien (al que). 4. que.
5. cuya. 6. a quien (al que). 7. que. 8. cuantos. 9. que. 10. que.

RESPUESTA 4:

1. Quien (la que). 2. que. 3. que. 4. que. 5. que. 6. que. 7. lo que.
8. la cual (la que). 9. cuando. 10. quien.

RESPUESTA 5:

1. Sepa. 2. pida. 3. dijo. 4. regalé. 5. dijo. 6. presté. 7. aconsejó. 8. guste.
9. pueda. 10. hicieron.

RESPUESTA 6:

1. Estuvieran (estuviesen). 2. Hubiera (hubiese) leído.
3. Supiera (supiese). 4. ha querido (quiso). 5. quiera. 6. esté.
7. Pudiera (pudiese). 8. Fuera (fuese). 9. quería. 10. guste.

RESPUESTA 7:

1. Quiso. 2. quieran. 3. necesito. 4. vayas. 5. diga. 6. Pareciera (pareciese). 7. Hiciera (hiciese). 8. vea (haya visto). 9. presenten. 10. vea (haya visto).

RESPUESTA 8:

1. Reúne. 2. quieras. 3. sepas. 4. esté. 5. limpia. 6. almacene. 7. hayas disculpado (disculpes). 8. es. 9. aconsejé. 10. puedas.

RESPUESTA 9:

1E. 2G. 3B. 4H. 5J. 6C. 7F. 8D. 9A. 10I.

RESPUESTA 10:

1F. 2C. 3I. 4G. 5J. 6A. 7D. 8H. 9E. 10B.

UNIDAD 23

SUBORDINADA ADVERBIAL

RESPUESTA 1:

1. Crea. 2. creó. 3. le pareció. 4. me parezca. 5. os plazca. 6. sienta. 7. te enseñó. 8. aconseja. 9. dicen. 10. Pasara (pasase).

RESPUESTA 2:

1. Más (menos). 2. como. 3. tanta. 4. mejor (peor, más, menos).
5. mejor (peor). 6. tanto. 7. cuanto.
8. menos (más, mejor, peor, igual que). 9. igual (menos, más). 10. como.

RESPUESTA 3:

1. Viene. 2. es. 3. comer. 4. estáis. 5. te vayas. 6. ve. 7. salir. 8. supo. 9. llegues. 10. pasar.

RESPUESTA 4:

1. Tan. 2. cuanto (como). 3. como. 4. mejor (peor, igual). 5. que. 6. como. 7. tantos. 8. como. 9. si. 10. de lo.

RESPUESTA 5:

1. Tenía. 2. hagas. 3. sea. 4. le quieras. 5. le quisiera. 6. me obliguen. 7. tenga. 8. estoy. 9. querría. 10. quieran.

RESPUESTA 6:

1. Desde donde. 2. a donde. 3. a donde. 4. por donde. 5. de donde.
6. hasta donde (a donde). 7. en donde. 8. hacia donde (a donde).
9. donde. 10. hacia donde (a donde).

RESPUETA 7:

1. Han venido. 2. eres. 3. llegar. 4. habéis hecho.
5. vengas (hayas venido). 6. has hecho. 7. habrías notado (notarías).
8. me caigo. 9. te tema. 10. eres.

RESPUESTA 8:

1. Ser. 2. consiga. 3. ganar. 4. llorar. 5. mejorar. 6. pasar.
7. te arrepintieras (te arrepintieses). 8. comprometer. 9. vean.
10. buscar.

RESPUESTA 9:

1. Vuelvas. 2. apesta. 3. toma. 4. devolverme. 5. se rompió. 6. llamaba.
7. pido. 8. me guste. 9. creer. 10. mirar.

RESPUESTA 10:

1. Hables (hablas). 2. estando. 3. administrada. 4. vuelva. 5. la quieres.
6. tengan. 7. prefieres. 8. tengas. 9. me hubiera confesado.
10. me confieso.

Índice

PRIMERA PARTE EJERCICIOS DE APLICACIÓN

SEGUNDA PARTE CLAVES DE EJERCICIOS